QUI VEUT LA MORT DE L'ONU ?

Éditions Eyrolles
61, bd Saint-Germain
75240 Paris Cedex 05
www.editions-eyrolles.com

*À la mémoire de Boutros Boutros-Ghali,
dont les conseils amicaux ont accompagné Romuald Sciora
pendant près de dix ans dans ses travaux onusiens,
et dont la pensée inspire nos réflexions
sur l'avenir du système multilatéral.*

Ouvrage proposé par Pascal Boniface

Avec la collaboration de Claude-Henri Dubord

Mise en pages : Facompo, Rouen

ISBN : 978-2-212-56991-9

Anne-Cécile Robert
et Romuald Sciora

QUI VEUT LA MORT DE L'ONU ?

EYROLLES

« L'ONU représente un espoir pour l'humanité,
mais elle ne pourra pas atteindre son plein potentiel tant que
les grandes puissances ne lui permettront pas de fonctionner
comme il faudrait, et que le reste du monde ne parviendra pas
à surmonter la corruption, la violence et les autres entraves
à la pleine réalisation de sa mission. »

Noam Chomsky, extrait d'un entretien avec Romuald Sciora

Préface

L'ONU est-elle à ce point en danger ? On peut le penser à la lecture du titre que Romuald Sciora et Anne-Cécile Robert ont choisi à l'ouvrage qu'ils consacrent à l'Organisation internationale : « Qui veut la mort de l'ONU ? »

En effet, quels sont ceux qui pourraient souhaiter la disparition de l'Organisation à vocation universelle créée en 1945 pour ce que la Société des Nations n'avait pas su faire, éviter une guerre mondiale ? Certes, on peut se demander si c'est l'Organisation des Nations unies (ONU) qui y est parvenue, alors que le monde n'avait jamais été autant idéologiquement divisé et surarmé, ou si ce fut l'effet du système d'alliances et de la dissuasion nucléaire. Toujours est-il que le pire a été évité. C'est la thèse du verre à moitié vide ou à moitié plein. Les pessimistes diront que l'ONU n'a pas réussi à établir un véritable système de sécurité collective, quand les optimistes expliqueront qu'elle a permis de limiter les affrontements et a offert un cadre de contact permanent.

Si l'ONU est contestée, elle a tout de même connu d'indéniables succès : la décolonisation et le démantèlement de l'apartheid n'en sont pas des moindres. Mais, surtout, c'est la fluidité qu'elle apporte dans la vie internationale et les multiples contacts qu'elle permet. La prévention est souvent invisible alors qu'un échec est toujours spectaculaire.

Romuald Sciora et Anne-Cécile Robert écrivent qu'Antonio Guterres est le secrétaire général de la dernière chance. Risque-t-il de mettre la clé sous la porte ? Non. Mais il faut reconnaître que l'ONU, qui a traversé de nombreuses crises, est aujourd'hui confrontée à un défi de grande ampleur. On peut tout simplement se demander si le pays fondateur – et largement inspirateur –, pays le plus puissant du monde, où l'organisation a son siège, ne remet pas en cause la pertinence et l'utilité mêmes de l'organisation. Il y a un réel danger. Les États-Unis se sont retirés de l'Organisation des Nations unies pour l'éducation, la science et la culture (UNESCO), font peu de cas de l'Organisation mondiale du commerce (OMC), attaquent et menacent la Cour pénale internationale (CPI) et ne tiennent pas compte de l'expertise et des contrôles de l'Agence internationale de l'énergie atomique (AIEA) en Iran. De plus, ils tournent délibérément en dérision les résolutions prises par l'ONU, notamment lorsqu'elles concernent le conflit israélo-palestinien. On peut même se demander si l'actuel président américain aurait accepté, avec ou sans droit de veto, de rentrer dans une organisation qui, sans être (au moins pour les membres permanents) supranationale, est quand même le temple du droit international et du multilatéralisme.

Le multilatéralisme est en crise et l'organisation universelle en est obligatoirement impactée. Ainsi, le travail sérieux et argumenté de réhabilitation de l'Organisation mondiale auquel se livrent les auteurs est bienvenu. Romuald Sciora et Anne-Cécile Robert ne sont pas pour autant *onu-béats*. Ils sont tout à fait conscients des limites de l'organisation, ainsi que de ses occasions manquées. Qu'elle n'ait pas été capable de mettre en œuvre un véritable système de sécurité internationale du fait de la division de la guerre froide est déjà bien documenté. Les auteurs insistent sur l'espace inédit et prometteur de réformes qui s'est ouvert en 1991, sans avoir abouti.

Ils soulignent également que l'ONU et son système ont raté le coche de la crise de 2008, qu'ils ont été incapables de prévoir et de juguler. Ils ne font pas l'impasse sur l'autoconcurrence dont le système onusien est capable (FAO et PAM, OMS et ONUSIDA), pas plus que sur les catastrophiques échecs au Rwanda et à Srebrenica, l'épisode peu glorieux de Pétrole contre nourriture en Irak ou les crimes dont les Casques bleus sont régulièrement accusés.

C'est à juste titre qu'ils soulignent avec force en conclusion que l'avenir de l'ONU est un enjeu de civilisation. Un cadre juridique imparfait est toujours préférable à son absence totale. Le fait que le droit soit parfois violé est quand même mieux que l'anarchie internationale, sauf la loi inique du plus fort.

Il est deux façons de critiquer l'ONU : pour l'affaiblir, en niant le principe d'une vie internationale régulée par le droit et le multilatéralisme ; pour combattre ses lacunes et en améliorer le système. On lira avec intérêt les propositions réfléchies de réforme de l'ONU que suggèrent Romuald Sciora et Anne-Cécile Robert, pour justement la rendre plus efficiente, qu'il s'agisse de renforcer la représentativité du Conseil de sécurité de l'ONU, les moyens militaires propres à l'organisation ou l'autonomie de son financement.

La vraie question est de savoir si le monde se porterait mieux sans l'ONU. À l'évidence, non. Ainsi, à l'instar de ce que Winston Churchill disait de la démocratie, on pourra dire que l'ONU – et le système multilatéral qu'elle incarne – est le pire des systèmes, à l'exclusion de tous les autres.

Pascal Boniface

Introduction

Tirer à boulet rouge sur l'Organisation des Nations unies (ONU) est devenu un exercice à la fois convenu et facile. Éditorialistes en manque d'imagination et journalistes cherchant le « buzz » se livrent plus souvent qu'à leur tour à ce jeu qui traduit surtout un manque d'imagination et de profondeur de vue. Plus préoccupant, l'organisation est devenue une sorte de figurant sur la scène internationale. Oh, bien sûr, pas n'importe quel figurant ! L'ONU ressemble à ces vieilles tantes de province auxquelles l'on se sent obligé d'aller rendre visite de temps en temps sans trop savoir pourquoi, par habitude. Elle fait partie du décor.

Loin de nous l'idée de nier les défauts, nombreux, de l'ONU depuis sa légendaire bureaucratie jusqu'à ses interminables discussions sans intérêt, ni son incapacité à résoudre certaines crises majeures comme celle de la Syrie qui dure depuis 2011. Mais ces défauts horripilants, dont nous laisserons la description à ceux qui trouvent original de s'y attarder, ne doivent pas faire perdre de vue l'essentiel : à quoi servent les Nations unies dans le monde fracturé, incertain et dangereux qui est le nôtre en ce début de millénaire ? Notre analyse est qu'elles remplissent une mission indispensable et essentielle à la préservation de la paix et à la construction d'un monde plus sûr et plus fraternel. Malgré ses insuffisances, l'ONU demeure la seule enceinte internationale un tant soit peu représentative que nous ayons. Le travail humanitaire de ses agences demeure en outre considérable et vital pour de nombreuses populations à travers le monde.

Il importe donc de comprendre comment cette organisation mondiale, qui a suscité tant d'espoir en 1945, est devenue l'objet de tant de railleries et d'indifférence. Il serait trop facile de se contenter de dénoncer un état de fait sans s'interroger sur ce qui l'a provoqué. Au-delà des logiques internes à son fonctionnement, sur lequel nous reviendrons en détail, il apparaît que l'affaiblissement de l'ONU et ses échecs les plus récents, du Rwanda à la Syrie en passant par le Kosovo, semblent dus en très grande partie à l'hypocrisie et à la lâcheté des grandes puissances ainsi qu'à leur préférence pour des instances non légitimes comme le G20 ou le G7. À cet égard, la marginalisation de l'ONU relève d'un choix politique, conscient ou non, de la part des dirigeants du monde qui tournent le dos aux valeurs inscrites dans la Charte de San Francisco.

Cette attitude n'a rien d'anodin dans la mesure où la création des Nations unies en 1945 traduit la volonté de rétablir une certaine conception de la civilisation, malmenée voire niée par la guerre et le nazisme. Il ne s'agissait pas simplement de lancer une nouvelle organisation mondiale, après l'échec de la Société des Nations, comme on lance un produit sur le marché mais de rétablir des valeurs fondamentales et de définir des règles du jeu pour l'ensemble de la planète, notamment pour l'opération la plus dangereuse : le recours à la force. Si la perfection n'est pas de ce monde, l'ONU a cherché à fixer des points de repère. C'est aussi pourquoi elle s'accompagne de l'adoption, en décembre 1948, de la Déclaration universelle des droits de l'homme. Lui tourner le dos signifie donc qu'une grave crise morale affecte une « communauté internationale » tentée par le jeu glaçant des logiques de puissance, comme l'illustre la Syrie. Les membres permanents du Conseil de sécurité se trouvent particulièrement sur la sellette compte tenu de leur responsabilité au regard du maintien de la paix. Or, ils n'hésitent pas à fragiliser l'ONU par la diminution de ses moyens financiers (États-Unis de Donald Trump), l'abus du droit de veto (Russie et États-Unis), le recours illégal à la force (États-Unis, France et Royaume-Uni en Syrie à la mi-2018), la violation de la souveraineté étatique (États-Unis, Royaume-Uni et France en Syrie, Russie en Ukraine, expansionnisme de Pékin en mer de Chine). Avec le transfert illégal de l'ambassade américaine de Tel-Aviv à Jérusalem et le retrait américain de l'accord sur le nucléaire iranien le 9 mai 2018, c'est même l'ensemble du système multilatéral qui est contesté.

Comment en est-on arrivé là ? Quelles sont les logiques à l'œuvre dans la marginalisation de l'ONU ? Ce processus relève-t-il de l'indifférence, du laxisme ou d'une malveillance délibérée ? Quelles seraient les conséquences d'un effacement total de l'ONU, voire de sa disparition ?

Un regard sur l'histoire des trente dernières années laisse apparaître le sentiment d'un certain gâchis, d'une occasion ratée quant à une relance en profondeur des Nations unies. En effet, la fin de la division Est-Ouest avec la chute de l'Union soviétique en 1991 avait ouvert un espace inédit et prometteur de réformes. C'est ainsi que, pour la première fois, le Conseil de sécurité s'est réuni au niveau des chefs d'État et de gouvernement. Il s'agissait de manifester la centralité du système des Nations unies en même temps que l'engagement au plus haut niveau de ses membres les plus puissants. À la même époque, le secrétaire général Boutros Boutros-Ghali avait su impulser une dynamique d'idées et de réformes, par exemple sur les droits de l'homme mais aussi dans la pensée d'un continuum paix et développement auquel l'Organisation internationale de la francophonie a d'ailleurs rendu hommage en lançant, en 2016, l'observatoire Boutros Boutros-Ghali du maintien de la paix. Cette période charnière des années 1990 avait permis l'émergence d'une réflexion sur un ordre mondial multilatéral, accepté et soutenu par le président des États-Unis de l'époque George H. Bush. Tous ces éléments faisaient naître l'espoir raisonnable de voir l'ONU tenir enfin la place pour laquelle elle avait été créée sur les décombres de la Seconde Guerre mondiale.

Fait remarquable dont il n'a pas assez été tenu compte et qui frappe dans le contexte agité de notre époque : l'administration américaine des années 1990 avait perçu qu'à moyen terme l'intérêt des États Unis était de s'intégrer à un ordre multilatéral. Non par altruisme, bien évidemment, mais par réalisme. Les intérêts bien compris de la première puissance mondiale devaient la conduire au soutien lucide porté au multilatéralisme et aux Nations unies. Il aurait alors été facile pour le superpouvoir américain de dominer et articuler cette société mondiale. À terme, l'Amérique, même une fois son déclin inévitable amorcé, serait restée au centre du jeu international, en tirant les ficelles et en dominant l'économie. Dans tous les cas, cela aurait permis à l'ONU de se renforcer et de jouer un rôle politique supérieur à celui à l'œuvre aujourd'hui. Et surtout, les pays émergents auraient plus facilement trouvé les voies et moyens de leur expression dans un ordre plus équilibré, plus ouvert et plus juste. Ils auraient pu le faire dans un contexte apaisé repoussant le risque de règlement de compte que l'on voit poindre aujourd'hui dans une sorte de vaste poker menteur planétaire.

Malheureusement, cette chance historique des années 1990 de créer un ordre international multilatéral, dynamique et créatif, n'a pas été saisie. Aucune grande conférence internationale n'a été organisée pour discuter et décider d'orientations nouvelles pour le monde de l'après-guerre froide. Quoi qu'on pense de la notion de souveraineté nationale très souvent évoquée depuis cette période charnière, le débat sur l'avenir des États, leurs rapports et les règles du jeu mondiales ne fut pas organisé. Rien de tout ce qui aurait permis de rassembler la société internationale ne se produisit, au risque de faire basculer les relations internationales de l'ordre figé de la guerre froide à une dérégulation complète et dangereuse.

Ces erreurs nous ont plongés dans le nouveau désordre mondial qui est le nôtre. Toutefois, l'histoire n'est jamais définitivement écrite. Aujourd'hui, les États-Unis de Donald Trump manifestent le souhait de prendre leur distance vis-à-vis du reste de la société internationale. Ce retrait peut paradoxalement constituer une nouvelle chance de relancer le multilatéralisme et les valeurs de la paix.

Sans prise de conscience de l'importance du rôle de l'ONU et de l'urgence de la réformer, le risque est de voir les conflits régionaux se multiplier et le risque d'un conflit majeur croître. Dans ce monde chaotique, l'Organisation des Nations unies ne serait plus qu'une super-agence humanitaire sans influence politique réelle sur les affaires du monde. Dès lors, les G7 et G20, directoires autoproclamés des pays riches appuyés sur les institutions financières internationales, et autres groupements sans aucune légitimité démocratique, dirigeraient les affaires internationales sans autres motivations que leurs propres intérêts à courte vue. Un ordre mondial finalement peu éloigné de celui du XIXe siècle et de la première partie du XXe, où quelques grandes puissances régentaient, *via* leurs empires, les destinées de l'humanité. C'est toute l'ambition d'une sécurité collective, élaborée par l'ensemble des États appuyés sur les populations, qui s'évaporerait ainsi.

Dans la première partie de cet ouvrage, nous reviendrons sur l'ambition initiale de l'ONU en 1945, afin de souligner la grande cohérence des principes de la Charte de San Francisco, leur pragmatisme mais aussi leur exigence intellectuelle et morale. En effet, ceux-ci expriment, au-delà des compromis politiques et du mécano institutionnel, une vision de la paix et une ambition pour l'humanité. À travers une mise en perspective historique, nous expliquerons comment ces principes se sont traduits et incarnés au fil des événements de l'après-guerre à aujourd'hui. Nous soulignerons les tournants et les inflexions qui permettent de comprendre la situation actuelle.

Dans la seconde partie, nous explorerons la lente marginalisation de l'ONU en montrant que ce phénomène n'est pas seulement le produit de la dévitalisation mécanique d'une organisation incapable de s'adapter au monde moderne. Nous soulignerons les logiques profondément politiques à l'œuvre pour un effacement de l'ONU, finalement si commode pour les États. Nous tenterons de démontrer comment les Nations unies – précisément parce qu'elles instaurent des règles du jeu exigeantes, inégalées et sans doute inégalables, pour la « communauté internationale » et porteuses de progrès – doivent être refondées et ramenées au cœur du jeu mondial.

Basé sur quinze années de recherches et d'enquêtes à travers le monde, d'entretiens exclusifs avec cinq secrétaires généraux de l'ONU, de rencontres avec des chefs d'État, des intellectuels, des militants et des membres de la « société civile », cet ouvrage se veut pour nous l'aboutissement d'une longue réflexion sur l'avenir des Nations unies et du multilatéralisme.

Il s'agit aussi d'un cri d'alarme. Espérons qu'il sera entendu.

Les citations des secrétaires généraux de l'ONU Kurt Waldheim, Javier Pérez de Cuellar, Kofi Annan et Ban Ki-Moon, ainsi que celles de Sir Brian Urquhart, sont issues d'entretiens exclusifs avec Romuald Sciora.

Celles de Boutros Boutros-Ghali proviennent d'entretiens exclusifs avec Jean Lacouture et Romuald Sciora.

Les citations de l'ancien président de l'Assemblée générale de l'ONU Peter Thomson, des ambassadeurs François Delattre, Franz Baumann, Tomas Anker Christensen et Ioannis Vrailas, ainsi que celles de Stephan Dujarric, porte-parole des Nations unies, et autres fonctionnaires onusiens en activité ou retraités, sont extraites d'entretiens avec Anne-Cécile Robert et Romuald Sciora.

Les citations de Claire Brisset, Auriane Guilbaud, Arnaud Guillois, ainsi que celles de Bernard Miyet et Jean-Marc de la Sablière, respectivement ancien secrétaire général adjoint de l'ONU et ancien ambassadeur de France auprès des Nations unies, sont, elles, extraites d'entretiens exclusifs avec Anne-Cécile Robert.

A noter que de nombreuses sources ont souhaité rester anonymes.

Partie 1

Histoire d'une ambition pour la paix et l'humanisme

La création des Nations unies peut certes s'analyser comme le produit des circonstances de l'après-guerre et de l'immensité des horreurs commises entre 1933 et 1945. Mais elle est aussi le fruit d'une longue maturation d'idées et de choix philosophiques fondamentaux dont on peut retrouver la trace au XIXe siècle. Les principes qui l'irriguent expriment une vision de l'être humain et des rapports mondiaux. À chaque étape, d'âpres débats se déroulent entre les acteurs et décideurs. Il faut parfois attendre des tragédies et des massacres de masse pour que les dirigeants du monde se décident à opter pour le multilatéralisme plutôt que pour des politiques de force. Ce sont autant le progrès des idées que les circonstances qui organisent, au fil des événements, le multilatéralisme et ses institutions. Mais ce sont les valeurs qui donnent son sens au mécano des procédures et des organigrammes.

Les premières années de l'ONU sont naturellement marquées par la guerre froide et l'affrontement entre les deux blocs. Pour autant, l'organisation s'impose sur la scène internationale comme un indispensable forum politique et une organisation humanitaire et pacifiste. Elle développe ses coutumes et ses pratiques comme l'illustre la création, non prévue par la Charte, des Casques bleus. Au-delà des relations internationales dont elle exprime les soubresauts, l'ONU est marquée par la personnalité de ses secrétaires généraux successifs et les relations qu'ils entretiennent avec les pays membres, notamment les membres permanents du Conseil de sécurité (P5). Son histoire est celle de la tension entre les ambitions de la sécurité collective et le respect de l'égalité souveraine des États, principe cardinal du droit international.

En retraçant cette histoire, qui est avant tout celle d'une ambition morale, on mesure la faillite justement morale qui guette le monde si cette organisation, née il y a plus de 70 ans, disparaissait. On constate que, plus la mémoire des horreurs de la Seconde Guerre mondiale s'éloigne, voire s'efface, plus semblent renaître les illusions de puissance et les démons du recours à la force. Le monde devra-t-il payer au prix fort le fait d'être dirigé, dans certains pays clés notamment occidentaux, par de jeunes générations qui n'ont jamais souffert de rien, et en tout cas, pas de la guerre ?

Chapitre 1

De l'idée à la concrétisation

Le pacifisme est parfois présenté comme une idée simplette née d'esprits rêveurs et éloignés des froides réalités de la société internationale. Si la naïveté n'est effectivement pas absente de certaines initiatives, les débats du XIXe siècle, marqués par de sanglantes guerres entre grandes puissances, montrent souvent une grande lucidité dans la recherche des voies et des moyens de garantir enfin la paix. La création de la Société des Nations en 1919, considérée comme l'ancêtre de l'ONU, constitue une expérience douloureuse puisqu'elle échoue après vingt ans d'existence seulement. Elle se révèle néanmoins très riche d'enseignements pour notre époque.

Les premières organisations internationales

Le Congrès de Vienne

Si les idées pacifistes progressent au fil d'un XIXe siècle sanglant, leur concrétisation dans des organisations se heurte à de nombreux obstacles. Le Congrès de Vienne marqua une première étape clé dans l'édification du concept de coopération internationale. Cette conférence des grandes puissances européennes, tenue du 1er octobre 1814 au 9 juin 1815, aboutit à l'adoption du Pacte de la Sainte-Alliance, signé à Paris le 26 septembre 1815 entre l'Autriche, la Prusse et la Russie. Par cet accord, visant à assurer la pérennité de l'Acte final du Congrès – épais document de trois cents pages redéfinissant les contours de l'Europe, rédigé en français (langue de communication internationale à l'époque) – les trois pays s'engageaient à promouvoir « les préceptes de justice, de charité chrétienne et de paix ». Peu après, le pacte évoluait vers une alliance à quatre avec l'Angleterre, rejointe par la France de Louis XVIII en 1818. Il s'agit de la première véritable expérience concrète de sécurité collective.

Dès le lendemain du Congrès de Vienne, en 1816, la première organisation internationale jamais créée, la Commission centrale pour la navigation du Rhin, commençait son travail. Cette institution aux objectifs certes très limités visait à réglementer de manière pacifique tout aspect de la circulation sur le fleuve et dans les environs. Elle est aujourd'hui basée à Strasbourg. Suivirent la création, en 1865, de l'Union internationale du télégraphe, qui prendra en 1932 le nom d'Union internationale des télécommunications (UIT), basée à Genève, et celle en 1874 de l'Union postale universelle (UPU), qui a son siège à Berne. Toutes deux furent rattachées aux Nations unies, et sont toujours opérationnelles.

Autre organisation, considérée comme le précurseur de la Société des Nations et toujours active (aujourd'hui à Genève) : l'Union interparlementaire (UIP), créée en 1889. Tout en engendrant un nouveau type de pacifisme, fondé sur le soutien parlementaire, elle fut la première organisation véritablement universelle, dont les objectifs étaient de promouvoir l'arbitrage international et la paix.

Peu après, en 1892, fut créé à Berne le Bureau international de la paix (BIP), qui se vit attribuer le prix Nobel de la paix en 1910. Cette organisation non gouvernementale, basée à Genève depuis 1924, est un réseau rassemblant vingt organisations internationales et près de trois cents organisations nationales et locales ou membres individuels répartis dans soixante-dix pays. Cet organe de pression très actif milite en faveur du désarmement et d'un monde sans guerre.

Des efforts de paix vite anéantis

Étape importante : la Conférence internationale de la paix rassemble vingt-six nations à La Haye en 1899 et aboutit à la création de la Cour d'arbitrage international de La Haye. Ce mécanisme visant à faciliter le règlement pacifique des différends internationaux est toujours en vigueur. Une seconde rencontre, en 1907, consacra le principe de l'égalité souveraine des États en s'ouvrant à quarante-quatre pays. Ces deux conférences furent considérées comme des « précurseurs » des Conventions de Genève de 1949. Mais ces efforts furent brisés par ce qu'ils voulaient à tout prix éviter : le retour de la guerre. Le conflit mondial de 1914-1918 fit près de dix millions de morts.

Le « système de congrès » – comme on l'appela – qui émergea de Vienne avait pour objectif d'encourager le règlement pacifique des différends mais de manière assez informelle. Ces congrès n'ont toutefois directement créé aucune organisation ou structure capable de prendre des décisions et de les faire appliquer. Ce sera l'objet de la Société des Nations.

Les débuts de la Société des Nations

De Sarajevo à Versailles

Le 8 janvier 1918, le président américain Thomas Woodrow Wilson prononça devant le Congrès des États-Unis un discours resté célèbre intitulé « La paix dans le monde pour l'établissement de la démocratie ». Il y énumérait quatorze points pour aboutir à la paix. L'objectif était de démontrer que l'entrée en guerre (tardive) de l'Amérique se justifiait pleinement sur des bases morales. Le quatorzième point suggérait la création de ce qui deviendra la Société des Nations : « Une association générale des nations doit être constituée sous des alliances spécifiques ayant pour objet d'offrir des garanties mutuelles d'indépendance politique et d'intégralité territoriale aux petits comme aux grands États. » Le 11 novembre 1918, l'Armistice était enfin signée.

Il fallut toutefois attendre encore presque un an, jusqu'à janvier 1919, pour que débutât à Paris la conférence de paix présidée par Wilson. Les travaux furent dominés par quatre membres principaux : le président américain Wilson, le premier ministre britannique David Lloyd George, le président du conseil italien Vittorio Emanuele Orlando, et le chef du gouvernement français Georges Clemenceau. La conférence rassembla vingt-sept États (les vaincus étaient exclus), et ne donna pas seulement naissance à d'importants traités mais aboutit à un accord de principe, ce qu'entérina le Pacte de la Société des Nations (SDN) le 28 avril 1919. Le 28 juin 1919, cinq ans jour pour jour après l'attentat de Sarajevo qui marqua le début de la Grande guerre, fut signé dans la galerie des glaces du château de Versailles le traité de paix entre l'Allemagne et les Alliés, inspiré des quatorze point du président Wilson, et dont la première partie confirmait la création de la SDN.

Si le Traité de Versailles comportait des failles, au moins les dirigeants avaient-ils (provisoirement) compris qu'il était nécessaire de construire des institutions internationales quelque peu ambitieuses. En parallèle de la création de la SDN, le Traité posa les principes de l'Organisation internationale du travail (OIT), qui en 1946 deviendra la première institution spécialisée des Nations unies, et dont le siège se trouve à Genève.

La SDN était donc officiellement créée, avec pour tâche prioritaire de préserver la paix. Elle était composée de trois organes : un Conseil, une Assemblée générale, et un Secrétariat, initialement basé à Londres. À l'origine, seuls participaient au Conseil les représentants des cinq principales puissances alliées (États-Unis, Royaume-Uni, France, Italie et Japon), ainsi que quatre membres non permanents désignés par l'Assemblée, tandis que les trente-deux États membres d'origine étaient les signataires du Traité de Versailles.

Première réunion à Paris

Mais dès le mois de janvier 1920, le Conseil fut réduit à quatre membres. En effet, le Sénat américain à majorité républicaine, s'opposant à la ratification du Traité de Versailles, vota contre l'adhésion des États-Unis à la Société des Nations, qui n'en firent donc jamais partie. Une décision née de l'interprétation de l'article 10 du Traité, selon lequel les États devaient s'engager « à respecter et à maintenir contre toute agression extérieure l'intégrité territoriale et l'indépendance politique présente de tous les membres de la Société » et à consulter le Conseil « en cas d'agression, de menace, ou de danger d'agression ». Cet article, rédigé par Wilson lui-même, suscita l'opposition farouche du sénateur Henry Cabot Lodge qui craignit que les États-Unis se voient ainsi contraints d'engager leurs forces malgré eux.

Le 10 janvier 1920, la nouvelle organisation entrait en vigueur ; le 16, le Conseil de la SDN se réunissait pour la première fois dans les locaux du Ministère des affaires étrangères à Paris. Mais la défection américaine fit d'emblée perdre son universalité à l'organisation, et lui porta son premier coup dur.

C'est aussi pourquoi, de nos jours, les tentations isolationnistes du président Donald Trump résonnent douloureusement aux oreilles des amis des Nations unies. En 2018, Washington annonce une baisse sensible de leur contribution financière à l'ONU. Leur ambassadeur Nikki Hailey n'a pas de mots assez durs contre une organisation qui, selon elle, « n'aime pas les États-Unis ».

Genève, « capitale du monde »

Le 1er novembre 1920, le siège provisoire de la SDN déménageait de Londres à Genève, et le 15 novembre s'ouvrit la première session annuelle de l'Assemblée générale, qui allait s'achever le 18 décembre. Genève devient « la capitale du monde », titrèrent les médias, alors que la foule en liesse se massait dans les rues pour accueillir les délégués.

Dès la création de la SDN, il parut évident que, comme pour les Nations unies aujourd'hui, la possibilité de régler pacifiquement les différends n'était envisageable que si les États jouaient le jeu, comprenant qu'il était dans leur intérêt de coopérer et de respecter les principes du

Pacte. Ce sera, comme on sait, le point aveugle de la brève histoire de la SDN.

Au total, durant ses vingt-six années d'existence, la SDN traita tout de même une soixantaine de conflits, dont celui des îles d'Åland[1], qui trouva sa solution dès 1920, et en 1922 le différend relatif à la ville de Vilna (actuellement Vilnius), capitale de la Lituanie avant la guerre, que revendiquaient la Pologne et la Lituanie. Les deux belligérants firent spontanément appel à la SDN, qui ne parvint pas à trouver de solution, ce qui conduisit à l'intégration de Vilna à la Pologne.

Une mission centrale : le désarmement

Règlement pacifique des différends

Le désarmement se trouvait au cœur de l'activité de la SDN tout comme il occupe aujourd'hui une grande part des réunions de l'ONU. Dès septembre 1920 fut constituée une Commission temporaire mixte sur la réduction des armements (CTA). Durant quatre ans, les débats furent toutefois entravés par de nombreux blocages, notamment de la part des Britanniques qui s'opposaient aux Français sur le règlement pacifique des différends, la définition juridique de l'agresseur et la mise en place d'un système de garanties collectives. Une situation qui se débloqua en 1924, avec l'arrivée au pouvoir des travaillistes. En parallèle, le Cartel des gauches, dirigé par Édouard Herriot, remportait les élections françaises. Sans surprise, lorsque

1. Territoire composé de plusieurs milliers d'îles, dont les habitants sont pour la plupart de langue suédoise, situé entre la Suède et la Finlande, que ce dernier pays revendiqua lorsqu'il prit son indépendance de la Russie.

le premier ministre Ramsay MacDonald préconisa le caractère obligatoire de l'arbitrage lors de tout différend, Herriot l'accepta avec empressement.

La SDN est à l'origine du « Protocole concernant la prohibition d'emploi à la guerre de gaz asphyxiants, toxiques ou similaires et de moyens bactériologiques », couramment appelé Protocole de Genève, adopté à l'unanimité par l'Assemblée générale, signé le 17 juin 1925, et ratifié immédiatement par dix pays (excepté l'Angleterre). Ce document eut le mérite de se situer dans l'esprit de la première Convention de Genève (1864) sur le droit humanitaire et de la Croix-Rouge (à l'initiative d'Henri Dunant), fondé sur une sorte d'« internationalisme pratique ». Il fait écho aux polémiques actuelles contre l'emploi d'armes chimiques en Syrie en 2018.

« L'esprit de Locarno » et l'adhésion de l'Allemagne

Un autre temps fort des premières années de la Société des Nations fut la conférence de Locarno, qui se tint sous les cieux neutres et cléments de la Suisse italienne, du 5 au 16 octobre 1925. La rencontre, organisée essentiellement pour débloquer les questions toujours épineuses des réparations allemandes et de la sécurité des frontières, rassembla l'Allemagne et la France bien sûr, mais aussi la Grande-Bretagne, la Belgique, l'Italie, la Pologne et la Tchécoslovaquie. Le 16 octobre étaient approuvés les Accords de Locarno (officiellement signés à Londres le 1er décembre), constitués de trois types de textes : le Traité de garantie mutuelle (dit Pacte rhénan) engageant au respect des frontières et de la zone démilitarisée du Rhin ; quatre Conventions d'arbitrage ; et deux Traités de réassurance (promesses de soutiens armés) signés séparément entre la France et la Pologne et entre la France et la Tchécoslovaquie. L'« esprit de Locarno » fut d'avoir entamé le dialogue avec l'Allemagne, auparavant mise à l'écart, et d'amorcer une certaine idée de l'Europe. Ce qui fit dire à Aristide Briand, le 26 février 1926 à Paris : « J'y suis allé, ils [les Allemands] y sont venus et nous avons parlé européen. C'est une langue nouvelle qu'il faudra bien que l'on apprenne. »

En septembre 1926, conséquence directe de Locarno, l'Allemagne faisait son entrée dans la SDN. L'année suivante, Aristide Briand recevait le prix Nobel de la paix. Et le 27 août 1928 était signé à Paris un autre accord, pour le moins ambitieux, dont le ministre français fut également l'architecte : le Pacte Briand-Kellogg (du nom du Secrétaire d'État américain Franck Kellogg). Ratifié par soixante-trois États, y compris l'Union soviétique, il rendait la guerre « illégale », comme le précise son article I : « Les Hautes Parties contractantes déclarent solennellement au nom de leurs peuples respectifs qu'elles condamnent le recours à la guerre pour le règlement des différends internationaux, et y renoncent en tant qu'instrument de la politique nationale dans leurs relations mutuelles. » Cette prohibition audacieuse n'a, comme on le sait, jamais été respectée. La Charte des Nations unies peut toutefois être considérée comme héritière du Pacte dans la mesure où elle condamne le « fléau de la guerre ».

Conférence sur le désarmement

Promise depuis 1924, la Conférence du désarmement, se réunit pour la première fois à Genève le 2 février 1932 en présence de soixante pays, dont les États-Unis et l'URSS. L'événement attira une foule immense de pacifistes, syndicalistes et féministes venus de toute l'Europe. La Ligue internationale des femmes pour la paix et la liberté créée à Genève en 1915 (et toujours active aujourd'hui), et une coalition de mouvements féministes américains – National Committee on the Causes and Cures of War (NCCCW) – présentèrent ensemble une liste impressionnante de huit millions de signatures (dont 600 000 des États-Unis) en faveur du désarmement et de la réduction des armes.

Mais cet effort, explique l'historienne Maryvonne Stepciznski-Maître, « se résumera en réalité à une suite de désillusions et d'échecs retentissants », notamment à cause de la crise économique qui, depuis 1929, n'avait cessé d'envenimer les relations internationales. Le président américain Franklin D. Roosevelt déclara dans son discours d'investiture du 4 mars 1933 : « Nous ne devons avoir peur de rien, si ce n'est de la peur elle-même. » Une déclaration qui prend une résonance toute particulière de nos jours où les démocraties, dominées par la peur, se laissent aller à des attitudes ultra-sécuritaires.

Effondrement de la SDN et naissance de l'ONU

Mandchourie et Éthiopie : l'engrenage infernal

Les tambours de la guerre se firent bientôt entendre. En 1931, le Japon envahit la Mandchourie, territoire contrôlé par la Chine, et le rebaptisa Mandchoukouo. Le gouvernement chinois porta l'affaire devant la SDN. Cette initiative marqua le début de l'effondrement de l'organisation mondiale, celle-ci se révélant impuissante à faire respecter ses décisions. Après que l'Assemblée générale eut condamné l'annexion de la Mandchourie, le Japon décida en effet de quitter la SDN. Suivit l'annonce du retrait, fin octobre 1933, de l'Allemagne nazie (officiel en 1935).

L'attaque armée fin 1935 de l'Abyssinie (Éthiopie aujourd'hui) par l'Italie de Benito Mussolini porta le coup de grâce à la Société des Nations. Comme dans l'affaire de la Mandchourie, l'Assemblée vota contre l'Italie une série de sanctions, qui n'eurent aucun effet, la France et l'Angleterre ayant, indépendamment de la SDN, conclu avec Mussolini un accord écartant toute action militaire. L'affaire traîna en longueur près de deux ans avant que Mussolini décide d'annexer l'Abyssinie en 1936. En 1937, il se retira de la SDN, après avoir signé un pacte avec l'Allemagne et le Japon visant à contrer la IIIe Internationale formée par l'Union soviétique.

Le 13 mars 1938, tout espoir de paix disparut définitivement : Hitler venait d'annexer l'Autriche. Puis à l'automne, ce fut au tour des Sudètes, région rattachée à la Tchécoslovaquie, peuplée de germanophones, qui fut concédée à l'Allemagne par les démocraties occidentales lors de la désastreuse conférence de Munich en septembre 1938. En mars 1939, les troupes allemandes poursuivirent sans être inquiétées leur avancée en Tchécoslovaquie. Mais lorsque, le 1er septembre 1939, elles pénétrèrent en Pologne, la Grande-Bretagne et la France déclarèrent la guerre au Reich le 3 septembre. La Seconde Guerre mondiale, le plus important conflit armé de l'histoire, venait de commencer. Il allait impliquer soixante et une nations, plus de cent millions de soldats, et faire soixante-deux millions de victimes, des civils en majorité, dont plusieurs millions de Russes. Mais sa première conséquence fut de sonner le glas de la Société des Nations.

Roosevelt reprend le flambeau

Le 6 janvier 1941, le président Roosevelt prononça devant le Congrès des États-Unis son fameux Discours sur les quatre libertés qui fut l'une des sources d'inspiration de la Déclaration universelle des droits de l'homme de 1948. La quatrième de ces libertés était de nature à faire renaître l'espoir des populations jetées dans un conflit devenu planétaire. Elle consistait en effet « à être libéré de la peur – ce qui, sur le plan mondial, signifie une réduction des armements si poussée et si vaste, à l'échelle planétaire, qu'aucune nation ne se trouve en mesure de commettre un acte d'agression physique contre un voisin, nulle part dans le monde. Il ne s'agit pas là de vues concernant un millénaire éloigné. C'est la base précise du genre de monde à la portée de notre temps et de notre génération. Ce monde est l'antithèse même du prétendu nouvel ordre tyrannique que les dictateurs cherchent à instaurer en faisant exploser une bombe. »

Le 12 juin de la même année, à Londres, les alliés s'engageaient à « œuvrer en commun avec les autres peuples libres, en temps de guerre comme en temps de paix ». Cette déclaration est considérée comme le fondement des Nations unies. Le 14 août 1941, le président Roosevelt et le Premier ministre britannique Winston Churchill signèrent, à bord du navire *Prince of Wales*, la Charte de l'Atlantique, visant à favoriser une collaboration internationale afin de maintenir la paix et la sécurité. Et le 1er janvier 1942, les Alliés, vingt-six pays luttant contre l'Axe (Allemagne, Italie et leurs alliés dont le Japon), réunis à Washington, signèrent la « Déclaration des Nations unies » : ils s'engageaient à contribuer de la manière la plus complète à l'effort de guerre commun et à ne pas signer de paix séparée. Pour la première fois était utilisée l'expression « Nations unies », inventée par Franklin Roosevelt.

Le tournant de Dumbarton Oaks

Il fallut toutefois attendre le 30 octobre 1943, alors que le conflit n'avait cessé de s'étendre, pour que se tienne, à Moscou, une nouvelle rencontre au sommet. L'URSS, le Royaume-Uni, les États-Unis et la Chine adoptèrent alors un texte dans lequel ils reconnaissaient que les objectifs de la Déclaration des Nations unies devraient être concrétisés par la création d'une organisation internationale.

Au cours d'une série de réunions tenues du 21 septembre au 7 octobre 1944 à Dumbarton Oaks, un hôtel particulier de Georgetown à Washington, les gouvernements se mirent d'accord, concrètement cette fois, sur les objectifs, les structures et le fonctionnement de la future organisation mondiale.

Lors de la Conférence de Yalta, tenue en Crimée du 4 au 11 février 1945, Franklin Roosevelt, Winston Churchill et Joseph Staline confirmèrent leur volonté d'établir une « Organisation internationale pour la sauvegarde de la paix ». À son retour aux États-Unis, le 1er mars, le président américain déclarait au Congrès : « Cette fois, nous ne commettrons pas l'erreur d'attendre la fin de la guerre pour mettre en place le mécanisme de paix. Cette fois, puisque nous luttons ensemble pour gagner enfin la guerre, nous travaillons aussi ensemble pour nous assurer qu'elle ne se reproduira plus. »

« Nous, peuples des Nations unies... »

Le 25 avril 1945 s'ouvrit à San Francisco la grande Conférence des Nations unies. Elle rassemblait les représentants de cinquante pays avant même la capitulation allemande. Grâce au soutien de Londres et à l'activisme du général de Gaulle, la France figura parmi les cinq puissances qui convoquèrent cette conférence aux côtés des États-Unis, du Royaume-Uni de la Chine et de l'URSS. En outre, la France, qui avait joué un rôle primordial dans la Société des Nations, était une puissance coloniale présente sur tous les continents. Le combat des Forces françaises libres aux côtés des Alliés et le rôle décisif de la Résistance dans le succès des débarquements alliés en Europe lui permirent de s'asseoir à la même table que les quatre grands.

Les centaines de délégués négocièrent chaque terme des cent onze articles composant la Charte de l'ONU. S'il n'y eut que dix séances plénières, on dénombra près de quatre cents séances de comités et commissions qui passèrent chaque phrase au crible.

Le soir du 25 juin 1945, lors d'une rencontre particulièrement solennelle à l'Opéra de San Francisco, la Charte fut adoptée à l'unanimité, et par acclamations, par les représentants des cinquante pays, devant une assistance énorme : au moins 3 000 personnes. Symbole important : la Charte débute par ces mots : « Nous, peuples des Nations unies », pour souligner que les gouvernements sont avant tout des mandataires des populations et qu'ils agissent en leur nom. Lors de cette même conférence, il fut décidé de marquer officiellement la clôture de la SDN.

L'ONU « est marquée du sceau de la guerre et donc du principe de réalité, explique la juriste Thérèse Gastaut. Elle juxtapose l'aspiration à l'universalisme, à savoir la non-utilisation de la menace ou de l'emploi de la force dans les relations internationales et le règlement des conflits par consentement universel, et la reconnaissance du souverainisme, c'est-à-dire de la souveraineté nationale comme concept de base de l'ordre international[1] ». Fait remarquable : la Charte prohibe le principe du recours à la force ; deux exceptions seulement sont admises : la légitime défense et l'action décidée par le Conseil de sécurité. Dans cet esprit, elle interdit l'ingérence dans les affaires intérieures des États. Elle combine recherche de la sécurité collective et égalité souveraine des États. Il s'agit de dépasser le simple équilibre des puissances (système dit de Westphalie) pour construire une coopération internationale constructive au service de la paix. La paix constitue la valeur cardinale ; celle à qui on soumet toutes les autres. Marqués par la Seconde Guerre mondiale, tous les États s'accordent sur ce point en souscrivant à la création de l'ONU : c'est le consensus de base et la condition de la confiance entre pays. Il est important de souligner ces principes car ils sont aujourd'hui grignotés par les jeux de puissance.

Si la paix constitue la valeur cardinale irriguant toute la Charte (préambule, chapitres 1, 5, 6, 7), le chapitre 9 (article 55) étend la coopération internationale à des buts plus larges : « En vue de créer les conditions de stabilité et de bien-être nécessaires pour assurer entre les nations des relations pacifiques et amicales fondées sur le respect du principe de l'égalité des droits des peuples et de leur droit à disposer d'eux-mêmes, les Nations unies favoriseront : le relèvement des niveaux de vie, le plein emploi et des conditions de progrès et de développement dans l'ordre économique et social ; la solution des problèmes internationaux dans les domaines économique, social, de la santé publique et autres problèmes connexes, et la coopération

---

1 Cours dispensé par Thérèse Gastaut à l'Institut de relations internationales et stratégiques (IRIS).

internationale dans les domaines de la culture intellectuelle et de l'éducation ; le respect universel et effectif des droits de l'homme et des libertés fondamentales pour tous, sans distinction de race, de sexe, de langue ou de religion. »

La Charte, ce texte fondamental – « père de tous les autres » selon Thérèse Gastaut – sera suivi de l'adoption de la Déclaration universelle des droits de l'homme (décembre 1948), texte déclaratoire et non obligatoire destiné cependant à fixer le cap des « valeurs » de la « communauté internationale ». Cette période fondatrice de l'ordre international actuel frappe par son exigence et sa cohérence. Toute l'histoire de l'ONU montre que le respect des principes de la Charte nécessite une volonté de tous les instants.

Chapitre 2

Les Nations unies de 1945 au tournant des années 1980

« L'ONU n'a pas été inventée pour promettre au monde le paradis, mais pour éviter à l'humanité de vivre en enfer. »
Henry Cabot Lodge

Les premières années de l'ONU sont dominées par l'affrontement Est-Ouest et une certaine paralysie du Conseil de sécurité où se font face l'Union soviétique et les États-Unis détenteurs du droit de veto. Cette période n'en est pas moins constructive avec la mise en place des grands fonds et programmes de l'ONU, ainsi que la création des opérations de maintien de la paix. Si les États jouent peu ou prou le jeu de l'organisation, ils s'y affrontent également sans ménagement, rusant avec les règles fixées par la Charte en matière de recours à la force. L'arrivée des pays du tiers-monde, devenus indépendants dans les années 1960, modifie la physionomie de l'organisation et contribue à étendre son champ d'action en fonction des préoccupations des nouveaux membres : création du Programme alimentaire mondial (PAM) en 1962, de la Conférence des Nations unies sur le commerce et le développement (CNUCED) en 1964, de l'Organisation des Nations unies pour le développement industriel (ONUDI) en 1966 ou encore de l'ONU-Habitat en 1979. L'affaiblissement progressif de l'Union soviétique et l'essor de la mondialisation libérale dans les années 1980 ouvrent une transition historique à laquelle l'ONU doit s'adapter.

Une naissance pleine d'espoir

Alliance victorieuse

« Après ces six années d'horreur que le monde avait subies », s'exclama le diplomate britannique Brian Urquhart, qui avait servi dans l'armée britannique durant la guerre, la création des Nations unies « fut une expérience formidable. Nous étions tous extrêmement enthousiastes ».

Fonctionnaire dévoué et passionné qui fut secrétaire général adjoint de l'ONU, Brian Urquhart présente la particularité d'avoir travaillé aux côtés des cinq premiers secrétaires généraux, et de n'avoir cessé de suivre de très près la manière dont l'organisation évolua au fil des années. Véritable mémoire vivante de l'ONU, il porte un regard distancié sur les aspects aussi bien positifs que négatifs de la manière dont l'Organisation traita des grands sujets de chaque époque.

Revenant sur les premières journées d'existence de l'Organisation, il explique qu'il était alors l'assistant personnel du diplomate anglais Hubert Miles Gladwyn Jebb. « Un organisateur absolument remarquable », désigné secrétaire exécutif de la commission préparatoire des Nations unies en août 1945 avant la nomination du premier secrétaire général, et qui assura l'intérim d'octobre 1945 à février 1946. C'est en effet le 24 octobre 1945 que l'Organisation des Nations unies vit officiellement le jour, lorsque la Charte, ratifiée par les cinq membres permanents du Conseil de sécurité (Chine, États-Unis, France, Royaume-Uni et URSS), entra en vigueur. Plus tard, le 24 octobre deviendra la « Journée des Nations unies ».

« Nous devions, en nous conformant à la Charte, créer une organisation qui serait, plus ou moins, capable d'en appliquer les principes. Nous étions très peu nombreux. Nous devions faire un peu de tout, aussi bien travailler avec les ministres des Affaires étrangères que déplacer les meubles, organiser les voyages des collègues, écrire les discours, etc. », poursuit Brian Urquhart. « À l'époque, nous vivions tous dans l'illusion. Celle que l'alliance victorieuse qui avait gagné la guerre continuerait pendant la paix. »

Le traumatisme d'Hiroshima et Nagasaki

Cet idéalisme fut pourtant quelque peu douché, avant même la création formelle de l'Organisation, lorsque Harry S. Truman décida unilatéralement le bombardement atomique, le 6 août 1945, de la cité japonaise d'Hiroshima, puis de Nagasaki trois jours plus tard. On dénombre plus de 400000 victimes, auxquels il faut ajouter les 100000 morts des bombardements américains au napalm sur Tokyo en mars, deux mois à peine après l'investiture du nouveau président américain. L'effroi provoqué par la bombe marqua toutes les conférences sur le désarmement depuis lors. Au cours d'une visite historique à Hiroshima, en mai 2016, le président Barack Obama déclara : « Nous devons faire face à l'histoire. Il y a soixante et onze ans, la mort est tombée du ciel et le monde a changé. [...] Hiroshima nous a appris la vérité sur la science, qui peut devenir un outil de massacre. » Il ajouta que le martyre d'Hiroshima et Nagasaki « doit éveiller notre conscience morale », mais il ne présenta pas d'excuses pour ce qui a pourtant toutes les caractéristiques d'un abominable crime de guerre commis par la première puissance mondiale...

« Une foi positive »

L'Assemblée générale de l'ONU tint sa première session le 10 janvier 1946 au Central Hall de Westminster à Londres, en présence des représentants des 51 membres fondateurs. Les grandes puissances occupant déjà une place privilégiée dans l'Organisation, il fut décidé que la présidence de l'Assemblée reviendrait à des ressortissants d'autres pays. Ce mandat échut donc à Paul-Henri Spaak, Premier ministre de Belgique. Quelques jours plus tard, le 17 janvier, se tint la première réunion du Conseil de sécurité. À cette occasion, son président, Norman J.O. Makin, ministre australien de la Marine déclara : « Je voudrais insister sur le fait qu'il ne suffira pas de convoquer le Conseil de sécurité pour faire régner la paix. Le maintien de la paix exige la collaboration de tous les membres des Nations unies. Et cette collaboration, en dernier ressort, dépend de la volonté des peuples du monde de travailler pour la paix. Ce n'est pas de la peur mais d'une foi positive en la fraternité humaine que doit jaillir une véritable volonté de paix. » Une déclaration qui a une résonance particulière aujourd'hui où le Conseil de sécurité semble passer d'une réunion d'urgence à l'autre sans peser sur les événements.

Premiers pas

Un secrétaire général surprise

Une fois l'Assemblée générale et le Conseil de sécurité opérationnels, il fallait encore choisir celui qui allait assumer la charge du Secrétariat, mandat fixé à cinq ans. Lui aussi devrait être un ressortissant d'un autre pays que les cinq puissances du Conseil de sécurité. « Comme toujours, la presse, que nous appelons aujourd'hui les médias, s'était lancée à tout un tas d'amusantes spéculations sur le nom du futur secrétaire général : le général Eisenhower, ou Anthony Eden, ou d'autres personnalités illustres », se souvient Urquhart. Puis le choix s'est « porté, de manière tout à fait inattendue, sur le ministre des Affaires étrangères norvégien, Trygve Lie », membre d'un gouvernement qui s'était exilé à Londres pendant la guerre. Le secrétaire général fut élu le 1er février 1946 par l'Assemblée. Une décision qui étonna Trygve Lie lui-même : « Pourquoi une tâche si terrible a-t-elle été confiée à un avocat du droit du travail norvégien ? », écrit-il dans ses mémoires. Forte personnalité, Lie – qui avait rédigé le chapitre de la Charte consacré au Conseil de sécurité – finira par s'attirer l'hostilité des Soviétiques (qui lui reprochèrent son action dans la guerre de Corée) et des Américains (rendus paranoïaques par la lutte contre les espions communistes). Comme le rappelle Urquhart, « la chasse aux sorcières menée par le sénateur américain Joseph McCarthy contre les communistes » dès 1950 toucha l'ONU. En effet, « le meilleur endroit pour les rechercher était parmi les membres américains du Secrétariat, qui avaient tous participé au New Deal » – politique interventionniste mise en place par le président Franklin D. Roosevelt à la suite de la crise économique de 1929. Les Américains étant « terrifiés par McCarthy, personne ne voulait se déclarer ouvertement contre lui. Nous étions donc livrés à nous-mêmes. Ce qui rendit la gestion du Secrétariat par Trygve Lie virtuellement impossible, parce que, quoi qu'il fasse, il aurait tort. [...] Il traversa une époque exécrable. »

Malgré cela, Trygve Lie est reconduit dans ses fonctions par un vote de 46 contre 5, en 1950. Mais, estimant son influence minée, il démissionna le 10 novembre 1952.

L'ONU établit son siège à New York

Une fois établies les principales structures, la seule décision importante qu'il restait à prendre était celle du lieu où l'Organisation aurait son siège définitif. Il était hors de question que l'ONU s'établisse de manière permanente dans le Palais des Nations à Genève, la ville étant encore trop marquée par les mauvais souvenirs de la SDN. En outre, la Suisse, soucieuse de conserver sa neutralité, n'était alors pas disposée à devenir membre de l'Organisation.

Le Congrès américain invita l'ONU à établir son siège permanent aux États-Unis, et plusieurs villes furent proposées (New York, San Francisco, Philadelphie), avant que la donation du milliardaire John D. Rockefeller permette l'achat d'un terrain de 8 hectares à Manhattan, en bordure de l'East River. Puis, à son tour, la ville de New York fournit un terrain adjacent, lequel « était alors dans un état épouvantable. C'était une sorte de bidonville avec des abattoirs, un site hideux », rappelle Brian Urquhart.

La première pierre du nouveau bâtiment des Nations unies fut posée le 24 octobre 1949. L'immeuble du Secrétariat, haut de 39 étages, fut achevé en 1951, et le second bâtiment l'année suivante. L'ONU put alors s'établir dans la belle maison de verre, dont Urquhart rappelle que tout le mérite revient à Trygve Lie, ce que « tout le monde semble avoir oublié ».

Pendant ce temps, en Suisse, les locaux de l'ancienne SDN devenaient le Centre des Nations unies à Genève et commençaient à héberger d'autres organes, comme la Commission économique pour l'Europe.

Dans l'étau de la guerre froide

Les débuts de l'Organisation correspondirent à peu près au début de la guerre froide. La première crise ouverte entre l'URSS et les États-Unis éclata début 1946, à propos de l'Iran. Selon un traité tripartite signé à la fin de la guerre, les États-Unis, la Grande-Bretagne et l'URSS, qui occupaient le territoire, s'étaient engagés à le quitter au plus tard le 2 mars 1946, échéance que l'Iran tenta d'avancer. Les Anglais et les Américains s'exécutèrent, mais pas les Russes. Le 5 mars 1946, à l'Université de Fulton, dans le Missouri, Winston Churchill prononça un sombre diagnostic : « De Stettin, dans la Baltique, à Trieste, dans l'Adriatique, un rideau de fer est descendu à travers le continent. » Le 18 mars, encouragé par les États-Unis, l'Iran saisit le Conseil de sécurité, qui se réunit le 27 mars dans une atmosphère lourde d'hostilité.

Les mois qui suivirent ne firent que confirmer cette tendance, le Conseil se trouvant paralysé par l'usage que l'URSS fit de son droit de veto : 79 fois en dix ans (sur un total de 83 durant toute la période de la guerre froide), soit un tiers de la totalité des vetos de l'histoire des Nations unies. Dans les années qui suivirent la chute du Mur de Berlin en 1989, ce sont les Américains qui utilisèrent le plus leur droit de veto.

Malgré ce contexte de blocage permanent, l'ONU tentera de résoudre les conflits qui menaçaient de s'aggraver. L'une des décisions les plus importantes que l'Assemblée générale prit en 1947, lors de sa première session spéciale, fut le partage de la Palestine entre un État arabe et un État juif, décision lourde de conséquence dans la mesure où elle fut vécue comme imposée de l'extérieur par les pays voisins (qui attaquèrent Israël dès 1948) et où l'ONU ne parviendra jamais à en faire respecter les termes par Israël.

La même année, le 24 juin, allait suivre le blocus de Berlin-Ouest par l'Union soviétique. Le Conseil de sécurité, sollicité par les pays occidentaux le 29 septembre, proposa le 22 octobre une résolution visant à lever le blocus, qui ne put aboutir en raison d'un nouveau veto de l'URSS. Et ce ne fut pas l'ONU, mais un effort concerté des forces aériennes américaines et britanniques, qui parvint à mettre fin au blocus le 12 mai 1949.

« À partir du moment où l'ONU s'est retrouvée dans la guerre froide, quand les relations entre l'Union soviétique et l'Occident se sont envenimées, comme pendant le blocus de Berlin en 1948, les fondements de l'ONU rédigés dans la Charte se sont plus ou moins estompés, et nous avons dû improviser », explique Brian Urquhart. « Il n'était plus question de mobiliser de grandes armées pour préserver la paix, une grande idée de la Charte. Au lieu de cela, nous sommes entrés dans toutes sortes de jeux tels que le maintien de la paix, constitué de forces militaires symboliques qui, en réalité, ont donné aux gouvernements une excuse pour ne pas se combattre mutuellement. C'était une très bonne idée. Et ce fut extrêmement important pendant la guerre froide parce qu'il y eut des situations, en particulier au Moyen-Orient et en Afrique, qui, si on ne les avait pas maîtrisées, auraient certainement conduit à un affrontement – probablement avec des armes nucléaires – entre l'Ouest et l'Est. »

La Charte à l'épreuve de la guerre de Corée

En 1950, la guerre éclate entre les forces de la Corée du Nord communiste, soutenues par la République populaire de Chine (alors sans représentation à l'ONU) et l'Union soviétique, et celles de la Corée du Sud soutenues par l'Occident (surtout les États-Unis), et par les Nations unies (résolution 82). « À juste titre », estime Urquhart, le secrétaire général de l'ONU « appuya la décision du Conseil de sécurité d'envoyer une force repousser les Nord-coréens hors du territoire sud-coréen, ce qui eut pour conséquence de le faire clouer au pilori par les Russes. Ils se mirent à l'ignorer. » À l'époque, l'Union soviétique boycottait le Conseil de sécurité pour protester contre l'absence de la Chine populaire dont le siège était accepté par Taïwan. En l'absence du mécanisme prévu par l'article 43 (organisant la mise à disposition de l'ONU de forces), la résolution 82 du Conseil poussa les États membres à apporter leur soutien militaire à la Corée du Sud.

Ce conflit eut une importante conséquence directe : une résolution 377 adoptée le 30 novembre 1950, intitulée « Union pour le maintien de la paix » (plus connue sous le nom de « Résolution Acheson », du nom du Secrétaire d'État américain Dean Acheson, qui l'avait proposée), étendit les compétences de l'Assemblée générale. Au nom de la paix, elle lui reconnaît le droit de recommander des mesures collectives, y compris l'emploi de la force armée, si le Conseil de sécurité n'a pas pu aboutir à une décision en raison du veto d'un des membres permanents, ce qui était le cas depuis le retour de Moscou à la table du Conseil. Elle ne peut pas, en revanche, adopter elle-même des mesures contraignantes. Cette résolution très peu appliquée (cinq fois jusqu'en 1982) contribua à renforcer la notion d'un maintien de la paix assuré par les Nations unies dont les prémices avaient été l'envoi, en 1948, d'observateurs non armés chargés de surveiller la trêve du conflit arabo-israélien. Elle fut utilisée en 2012 pour la Syrie.

L'essor du maintien de la paix

Une figure exceptionnelle

La démission de Trygve Lie le 10 novembre 1952 provoqua une mini-crise à l'ONU. « Commença alors une recherche frénétique pour lui trouver un successeur », se souvient Urquhart. « Toutes sortes de noms improbables » furent avancés, « tous bloqués par veto ». Finalement, une liste de quatre noms fut établie, sur laquelle on sonda l'ambassadeur soviétique. Sur cette liste figurait Dag Hammarskjöld, ex-ministre adjoint aux Affaires étrangères de Suède. À la surprise de tous, les

Russes l'acceptèrent. « Curieusement, il semble qu'ils avaient l'image d'un fonctionnaire plutôt ennuyeux », note Urquhart dans un sourire. « Il était exactement l'opposé. [...] Dag Hammarskjöld était un être unique, une sorte de génie peut-être », ajoute-t-il. Le diplomate tient à préciser que le Suédois « avait à la fois une véritable vision du rôle de l'ONU, de la manière dont on pourrait l'utiliser et la développer, et une grande aptitude à la négociation et à l'administration. C'était un homme au tempérament solitaire, un célibataire endurci [...], mais il avait une intelligence remarquable, et un sens exceptionnel de l'analyse politique. Guidé par des principes, au sens le plus noble du terme, il n'acceptait pas les compromis, et était courageux, tant dans ses actes que dans sa manière de ne pas céder aux pressions des grandes puissances... Il fit du Secrétariat, et dans une certaine mesure de l'ONU tout entière, une organisation active et reconnue qui, si nécessaire, pouvait travailler sur le terrain avec la plus grande, et la plus efficace, improvisation. »

Création des Casques bleus

La première action remarquable du nouveau secrétaire général fut d'obtenir, lors d'un voyage particulièrement aventureux en Chine, la libération de quinze pilotes américains qui avaient servi sous le drapeau de l'ONU lors de la guerre de Corée et avaient été capturés par les Chinois. Une initiative d'autant plus appréciée que la tension était de plus en plus vive entre les États-Unis et la Chine et que le Président Eisenhower en était venu à menacer d'utiliser, « si nécessaire », l'arme atomique contre des cibles militaires en Asie.

Mais parmi les marques laissées Dag Hammarskjöld, l'une des plus importantes est la concrétisation du rôle de maintien de la paix de l'ONU. Si on peut dater la première initiative en ce sens à l'envoi d'observateurs en Palestine en 1948, la première opération d'envergure se produisit lors de la crise de Suez en 1956. À la suite de la nationalisation de la Compagnie du Canal de Suez par l'Égypte, les troupes israéliennes, britanniques et françaises intervinrent en violation flagrante du droit international pour reprendre le contrôle du canal. Le 4 novembre, l'Assemblée générale, réunie en session spéciale, lança un appel au cessez-le-feu et créa la première force de maintien de la paix (non prévue par la Charte), appelée Force d'urgence des Nations unies (FUNU).

Cette brigade était composée de 6 000 hommes de dix pays, avec l'appui des Américains, des Italiens et des Suisses. Munis d'armes légères dont ils ne devraient se servir que pour leur autodéfense, ils furent les premiers soldats de la paix de l'ONU. Brian Urquhart, chargé de l'organiser, se souvient : « Bon nombre de ces soldats, en particulier les Canadiens, portaient des uniformes qui étaient exactement identiques à ceux des Britanniques ou des Français. Nous devions donc trouver le moyen de les identifier à distance. Nous avons d'abord essayé de leur fournir des bérets bleus, pour symboliser le caractère pacifique de cette force, mais il était impossible d'en obtenir avant une dizaine de semaines. » Urquhart eut alors l'idée de demander aux Américains « de prendre 6 000 doublures de casques et de les peindre tout simplement en bleu à l'aide de bombes aérosol. Ce qui prit environ 24 heures. » Tels furent les premiers Casques bleus, qui demeurèrent sur place jusqu'en 1967, date à laquelle le président égyptien Gamal Abdel Nasser exigea leur départ. En dix ans, quatre-vingt-neuf d'entre eux perdirent la vie.

Fiasco au Katanga (Congo)

Bien moins glorieuse et particulièrement tragique fut l'intervention onusienne au Congo, qui, selon Brian Urquhart, fit vivre aux Nations unies leurs plus terribles années depuis leur création. Peu après que l'ancien Congo belge eut accédé à l'indépendance, le 30 juin 1960, des troubles éclatèrent. Le 11 juillet, Moïse Tshombe annonça que la province du Katanga, dont il était le chef politique faisait sécession. Le lendemain, le premier président congolais, Joseph Kasa-Vubu, et son premier ministre Patrice Lumumba, lancèrent un appel à l'aide auprès de l'ONU. En moins de 48 heures, des contingents de Casques bleus arrivèrent, accompagnés d'experts civils chargés d'assurer le maintien des services publics. Au total, l'Opération des Nations unies au Congo (ONUC), allait être composée de 26 000 hommes de trente pays.

Le 25 juillet, les troupes de l'ONU avaient remplacé les troupes belges sur l'ensemble du territoire, à l'exception du Katanga. Mais le colonel Joseph Mobutu, alors chef d'État-major général des armées, organisa (avec le soutien de la CIA) un coup d'État spectaculaire et destitua le premier ministre Patrice Lumumba. Il le fit arrêter en décembre et placer sous surveillance de troupes de l'ONU dans sa propre résidence, d'où il s'évada, avant d'être repris. Dans un discours virulent, le président Nikita Khrouchtchev accusa le secrétaire général de ne pas avoir assuré la protection du leader panafricain. Lumumba demanda de nouveau la protection de l'ONU, qui lui fut refusée au motif qu'il s'était soustrait au contrôle des troupes onusiennes. Accusant Dag Hammarskjöld d'être à l'origine de l'arrestation de Lumumba, l'URSS saisit le Conseil de sécurité qui se réunit le 7 décembre, mais la résolution proposée fut refusée. Plusieurs pays annoncèrent qu'ils retiraient leurs troupes du Congo. Le 17 juillet 1961, Lumumba, l'une des principales figures de l'indépendance du Congo, fut sauvagement assassiné par un commando appuyé par les services secrets belges avec le soutien de la CIA. Près de quarante ans plus tard, en février 2002, le gouvernement belge présentera ses excuses officielles au peuple congolais, reconnaissant une « irréfutable portion de responsabilité dans les événements ayant conduit à la mort de Lumumba ». Mais les auteurs de ce crime, dont certains sont toujours en vie, demeurent – à ce jour – à l'abri de toute poursuite.

La mystérieuse disparition de Dag Hammarskjöld

En février 1961, les forces de l'ONUC avaient pris le contrôle du territoire situé entre Kabalo et Albertville, mais les troupes sécessionnistes engagèrent le combat avec les Casques bleus. Devant l'aggravation de la situation, le secrétaire général décida de se rendre au Congo pour obtenir un cessez-le-feu. Le 17 septembre, son avion s'écrasa, juste avant d'atterrir à N'Dola (aujourd'hui en Zambie) où Dag Hammarskjöld devait rencontrer Moïse Tshombe.

Les enquêtes conduites par l'ONU ne permirent pas de déterminer si l'avion avait été saboté. En 1998, une enquête de la Commission Vérité et Réconciliation, créée en Afrique du Sud, publia des documents qui semblaient suggérer que Dag Hammarskjöld aurait été victime d'un attentat. Brian Urquhart est toutefois convaincu qu'il s'agissait d'un simple accident (d'autant plus que l'avion transportant le secrétaire général, un DC-6, avait déjà été endommagé lors d'une attaque par l'armée de l'air katangaise), qu'il attribue à une erreur du pilote.

Un ancien diplomate français, qui fut représentant de la France au Conseil de sécurité, et porte-parole de l'ONU à Genève de 1957 à 1961, Claude de Kémoularia, émit toutefois une autre hypothèse[1]. Il affirme que des mercenaires auraient tenté de détourner l'avion dans le cadre d'une manœuvre d'intimidation. « Les hommes que j'ai rencontrés avaient des remords parce qu'ils ne voulaient pas causer la mort du secrétaire général de l'ONU », écrit Claude de Kémoularia. « Mais ils ne m'ont jamais dit qui était leur employeur. Ils m'ont juste fait comprendre qu'il y avait de gros enjeux économiques dans la région. » La thèse est appuyée par au moins quatre témoins du *crash,* dont les récits ne furent jamais pris sérieusement en compte, mais il est bien connu que ceux qui avaient des intérêts politiques et économiques au Congo ne furent pas mécontents de la mort de Dag Hammarskjöld. En 2018, l'ONU décida de relancer l'enquête.

« Dag Hammarskjöld reste dans l'esprit de tous ceux qui l'ont approché de près ou de loin comme une personnalité éclatante, éblouissante », disait de lui Stéphane Hessel, ancien ambassadeur de France. Dag Hammarskjöld incarnait en effet un secrétaire général, pleinement conscient des devoirs de sa charge, et ne ménageant pas ses efforts pour les assumer. En 2018, Antonio Guterres affirma que le diplomate tragiquement disparu au Congo constituait un modèle pour lui.

---

1 *Une vie à tour d'aile*, Fayard, 2007.

Un secrétaire général bouddhiste

Le revirement de De Gaulle

L'homme que les gouvernements, pour une fois tous d'accord, choisirent pour remplacer Dag Hammarskjöld était un Birman, U Thant. Ambassadeur à New York après avoir été proche conseiller du Premier ministre de son pays, il était connu de tous. Nommé par intérim en novembre 1961, il sera confirmé au poste de secrétaire général un an plus tard. « U Thant était un bouddhiste convaincu, j'avais une immense admiration pour cet homme. » Contrairement à Dag Hammarskjöld qui était un excellent gestionnaire et avait considérablement amélioré l'efficacité de l'ONU, U Thant « était un très mauvais administrateur, mais, dans son travail, il jugeait les considérations morales plus importantes que les considérations politiques », note Brian Urquhart, qui occupait alors le poste de directeur des affaires politiques.

Le choix du Birman contribua en revanche à faire évoluer l'attitude du président français qui avait qualifié l'ONU, le 10 septembre 1960 à propos du Congo, de « grand machin que tout le monde tripote et qui n'arrête pas de gêner ». Charles De Gaulle appréciait U Thant qui concevait son rôle d'une manière moins interventionniste que son prédécesseur. Le général considérait l'organisation comme un forum indispensable, notamment pour contenir l'hégémonisme des deux superpuissances, mais un forum qui devait respecter la souveraineté des États. La charte incarne pour lui « l'idée d'offrir à toutes les nations du monde la possibilité de se rencontrer sur un pied d'égalité, de discuter entre elles des affaires de l'univers, de formuler à leur sujet le sentiment moyen des peuples, de concentrer les informations relatives à la situation matérielle, sociale, morale de beaucoup de pays, et de mettre en vigueur les concours qui leur sont utiles ou nécessaires pour leur développement. »

Attaques, contre-attaques et bavures

Le 11 novembre 1961, une semaine après l'entrée en fonctions d'U Thant, la crise du Congo connut une nouvelle escalade. Deux avions de l'ONU furent saisis par les troupes congolaises, et leurs équipages italiens massacrés dans la province de Kivu. Le 24, le Conseil de sécurité, par une résolution particulièrement ferme, autorisait le secrétaire général « à entreprendre une action vigoureuse, y compris, le cas échéant, l'emploi de la force dans la mesure requise ». Pour Moïse Tshombe, il s'agissait d'une déclaration de guerre. Le 25, il demanda à ses troupes de « s'assurer qu'aucun mercenaire de l'ONU ne se sente en sécurité, nulle part ». Le statut privilégié dont bénéficiaient les officiels de l'ONU à Elisabethville ne fut, en quelques heures, plus qu'un souvenir. Le 28, Urquhart et un autre haut fonctionnaire, George Ivan Smith, furent agressés lors d'un dîner privé. Urquhart fut incarcéré plusieurs heures. U Thant décida alors, le 5 décembre, d'ordonner aux troupes indiennes de l'ONU de les écarter par la force.

Suivirent plusieurs bavures et erreurs de tir qui firent des victimes, ce qui inspira ce commentaire à Brian Urquhart : « À partir du moment où une force de maintien de la paix commence à tuer des gens, elle prend part au conflit qu'elle est censée tenter d'empêcher et devient alors un élément du problème. » De nos jours encore, le périmètre des opérations de maintien de la paix n'est pas toujours aisé à déterminer et leur mandat peut se révéler inadapté.

La crise des missiles de Cuba : l'ONU entre deux feux

Entre-temps, une autre crise avait éclaté, celle des missiles de Cuba, qui amena le monde au bord de la guerre nucléaire. U Thant dut très vite faire la preuve de sa capacité à faire face. Tout avait commencé alors qu'il était encore secrétaire général par intérim, en 1961 (et deux ans après les premières représailles américaines contre le régime de Fidel Castro, qui avait pris le pouvoir en 1959).

En novembre 1961, le gouvernement de John Kennedy déploya quinze missiles en Turquie et trente en Italie, menaçant directement l'Union soviétique et, en février 1962, décréta un embargo contre Cuba. Soucieux de rééquilibrer les rapports de force, et aussi de défendre l'île de toute invasion américaine, Nikita Khrouchtchev déclencha en mai 1962, dans le plus grand secret, son opération « Anadyr » : l'envoi à Cuba de trente-six missiles nucléaires, et de 56 000 hommes. Le 15 octobre de la même année, des photographies aériennes révélèrent l'existence de ces bases. La crise prit fin le 28 octobre, lorsque, sous la pression de Kennedy et de U Thant, Khrouchtchev annonça qu'il retirerait ses missiles en échange d'un engagement écrit de non-invasion de Cuba par les Américains, et de retrait de leurs missiles en Turquie et en Italie.

Jamais le monde n'avait été plus près d'une guerre nucléaire. Selon Brian Urquhart, U Thant joua un important rôle personnel dans la désescalade. « Il écrivit à Khrouchtchev et à Kennedy une lettre dans laquelle il disait à peu près : "Je suis sûr qu'aucun des deux grands dirigeants que vous êtes ne veut laisser le souvenir d'avoir été celui qui aura mis fin à la civilisation humaine telle que nous la connaissons sur cette planète, et je dois donc vous demander d'examiner ce qui suit..." Et il proposa à Kennedy et à Khrouchtchev les étapes à suivre pour mettre fin à la crise. »

C'est avec enthousiasme que le mois suivant, en novembre 1962, les pays membres de l'ONU, Russie y compris, confirmèrent U Thant à son poste de secrétaire général.

Vietnam : l'initiative méconnue de U Thant

Dans l'esprit d'apaisement avec Moscou, le président Kennedy venait d'ordonner le retrait avant Noël 1963 d'un premier contingent de 1 000 soldats postés au Sud-Vietnam, et de s'engager à ce que l'ensemble des troupes américaines (16 000 hommes au total) se retirent avant 1965. C'est alors qu'il fut assassiné à Dallas, le 22 novembre 1963. Son successeur, Lyndon B. Johnson, augmenta le contingent. Le nombre de troupes s'éleva à 23 000 hommes en 1965 pour atteindre le chiffre record de 542 000 lors de l'enlisement définitif du conflit, après 1968.

Bien que les accords de Genève de 1954, qui avaient coupé le pays en deux, aient été négociés hors des Nations unies, U Thant estima qu'il était de son devoir de tout tenter pour interrompre la guerre, jugeant « immorale » l'attitude des Américains.

« Venant de la même région du monde, il avait des idées très précises sur cette guerre. Il considérait que les Américains s'étaient lancés dans quelque chose qu'ils ne comprenaient pas du tout », commente Urquhart. Selon lui, U Thant était profondément outré par l'attitude « raciste » des États-Unis qui ne comptaient que les victimes américaines sans jamais s'inquiéter du nombre de morts parmi les Vietnamiens. Urquhart se souvient notamment que U Thant mena une série de négociations acceptées par tous « sauf par les États-Unis », et qui aboutirent à une rencontre de tous les pays concernés par le conflit « dans un lieu où ils avaient tous une ambassade, c'est-à-dire à Rangoon, en Birmanie, afin de décider d'un cessez-le-feu, puis de négocier un accord. » Un plan que U Thant remit à l'ambassadeur américain à l'ONU, Adlai Stevenson, en octobre 1966, mais dont « on n'a plus jamais entendu parler. Et je pense qu'à ce jour, personne ne peut dire si le Président Johnson eut jamais connaissance de cette proposition ». Lorsque la situation « devint catastrophique », se souvient Urquhart, « Johnson vint voir U Thant en désespoir de cause, lui demandant de l'aider à mettre fin à cette guerre. Celui-ci lui déclara : "Mais je vous ai bien envoyé un plan de paix il y a près de deux ans." Johnson répondit : "Je ne l'ai jamais vu." Donc on ne sait pas ce que ce plan est devenu. L'un des grands mystères de l'Histoire… »

La guerre des Six Jours : U Thant cloué au pilori

Si la guerre du Vietnam fut une période de tensions meurtrières, « la période la plus malheureuse pour U Thant fut la guerre du Moyen-Orient en 1967 », estime Urquhart. La guerre des Six Jours, qui opposa, du 5 au 10 juin 1967, Israël à l'Égypte, la Jordanie, la Syrie et le Liban, « détruisit totalement la réputation » du secrétaire général, se souvient le diplomate britannique. « Je ne pense pas avoir jamais vu un personnage public traité aussi injustement qu'il le fut ».

Depuis la crise de Suez en 1956, une force d'interposition de l'ONU stationnait dans le Sinaï. Le 17 mai 1967, Gamal Abdel Nasser, président de la République d'Égypte, exigea son retrait au nom de la souveraineté de son pays. « Pour U Thant, il était évident, et son opinion était très ferme à cet égard, que si un gouvernement souverain demandait à l'ONU de partir, celle-ci devait s'exécuter. Après tout, nous avions permis aux Israéliens de ne pas avoir de force de maintien de la paix sur leur territoire. Ils avaient refusé au nom de la souveraineté israélienne. Alors pourquoi les Égyptiens n'auraient-ils pas été autorisés à faire partir ces troupes s'ils estimaient que cette présence allait contre leurs intérêts ? Mais tout le monde, surtout les Américains et les Anglais (pas les Français toutefois) accusèrent U Thant de lâcheté pour n'avoir pas voulu s'opposer aux Égyptiens. »

Éclata alors ce que l'on appela la guerre des Six Jours : après plusieurs semaines de tensions, le 5 juin 1967 à l'aube, l'armée israélienne prit l'initiative et détruisit au sol l'aviation égyptienne. Cette courte guerre démontra non seulement la force de Tel-Aviv, mais aboutit à un changement radical de la géographie politique du Proche-Orient. Israël quadrupla en effet sa superficie en annexant le Sinaï, le plateau du Golan, la Cisjordanie, la vieille ville de Jérusalem et la bande de Gaza, ce qui entraîna la fuite de 356 000 Palestiniens. Cette occupation illégale dure depuis plus de cinquante ans, ponctuée par des répressions sanglantes contre les populations civiles palestiniennes. Avant que n'éclate le conflit, U Thant se rendit au Caire pour rencontrer Nasser, rappelle Urquhart. « Il fut la seule personne à entreprendre cette démarche. Aucun pays, ni les Américains ni les Anglais, ne voulait se rapprocher de lui le moins du monde. Il le fit de lui-même. Mais il échoua. » Si le secrétaire général remplissait alors son rôle de médiateur, il ne pouvait pas réussir faute de s'adresser à tous les acteurs du conflit et de pouvoir organiser un dialogue des parties sur la base du droit international. « C'est pourtant U Thant qui porta le blâme de toute cette histoire. Ce qui eut un effet terrible sur lui. Il fut profondément blessé de ne pas avoir été compris. [...] Et aujourd'hui on l'a presque complètement oublié. »

Initiatives novatrices

Les frustrations de l'ONU furent trop nombreuses pendant cette tragique période, et globalement durant toute la guerre froide, pour pouvoir être énumérées. Mais elles encouragèrent un bon nombre de fonctionnaires onusiens et de diplomates à trouver un moyen de pallier cette marginalisation de l'Organisation en lui attribuant de nouvelles responsabilités.

C'est ainsi, notamment, que U Thant lança des initiatives novatrices qui impliquèrent l'ONU dans des questions environnementales et sociales, délaissées jusque-là. Le secrétaire général fut entre autres « à l'origine du premier Sommet Planète Terre [Conférence des Nations unies sur l'environnement humain, Stockholm, juin 1972] », qui déboucha « sur la création du Programme des Nations unies pour l'environnement » la même année « et la convocation d'un sommet d'importance historique à Rio vingt ans plus tard », rappelait Kofi Annan en 2003. U Thant avait déjà signé, en février 1971, la proclamation de la Journée internationale de la Terre, qui fut célébrée la première fois le 22 avril 1970.

En 1969, U Thant lança la création du Fonds des Nations unies pour la population, qui allait devenir « l'une des plus grandes réussites de l'ONU au service de la santé et du bien-être des femmes et des familles du monde entier », ajoutait Kofi Annan. Avant d'insister : « Il a posé les fondations de l'Université des Nations unies [créée en 1973], et a été l'un des inspirateurs de la création de l'Académie mondiale pour la paix, parce qu'il savait que pour bâtir un monde meilleur, il faut d'abord apprendre, afin de comprendre réellement celui dans lequel nous vivons. »

L'« ADOLESCENCE DU TIERS-MONDE »

Le secret de Kurt Waldheim

Lorsque le nouveau secrétaire général, le diplomate autrichien Kurt Waldheim, prit le relais de U Thant en 1972, on ignorait encore son passé d'officier dans l'armée allemande à l'époque nazie. Ce passé, sur lequel il avait menti, fut révélé en 1985, après qu'il eut quitté l'ONU.

Nul doute qu'il n'aurait jamais été élu à la tête de l'ONU si la révélation en avait été faite plus tôt. À son arrivée au trente-huitième étage de la maison de verre (siège de l'ONU à New York), il donna l'impression d'être un bureaucrate qui n'avait, selon Urquhart, ni « la vision à long terme et la puissance intellectuelle de Hammarskjöld », ni la « force morale de U Thant ». Néanmoins, dira plus tard l'ambassadeur de France Stéphane Hessel, « la période Waldheim a été pour les Nations unies une période forte, marquée par sa capacité de travail et par son ambition ».

Le nouveau secrétaire général prit ses fonctions aux Nations unies au moment de leur élargissement aux pays les plus pauvres, surtout d'Afrique, comme il nous l'expliqua : « La décolonisation venait d'ouvrir une voie nouvelle vers un avenir meilleur pour les pays africains. Une fois devenus indépendants, la première chose qu'ils voulaient voir, c'était leur drapeau flotter devant les Nations unies. C'était pour eux le symbole de la liberté et de l'indépendance [...] un nouveau chapitre de l'histoire de l'Afrique pouvait s'ouvrir. »

« Ce fut, en fait, une période extrêmement difficile », ajoute Urquhart, qui conserva sa place de secrétaire général adjoint aux côtés de Waldheim durant toute cette période, « parce que les années 1970 furent celles d'une sorte d'adolescence du tiers-monde où l'organisation fut confrontée à toutes sortes de revendications nouvelles. Et ce fut aussi l'époque du nouvel ordre économique mondial, du nouvel ordre mondial de l'information, etc. » L'ONU étendit son action à de nouveaux domaines (population, habitat, développement...).

La « guerre du Kippour » devant le Conseil de sécurité

L'un des plus forts moments de tension du début des années 1970 fut la guerre d'Octobre dite « du Kippour », du 6 au 25 octobre 1973. Une guerre déclenchée le jour de la fête juive du *Kippour* (Grand pardon), mais aussi en plein Ramadan, par les Égyptiens et les Syriens, afin de récupérer les territoires perdus en 1967. Très rapidement, le rapport des forces s'était inversé en faveur de l'armée israélienne, en grande partie grâce à l'aide de Washington. Israël était ainsi parvenu, après deux semaines, à repousser les Syriens hors du plateau du Golan, et avançait en territoire égyptien, au-delà du canal, lorsque s'appliqua le cessez-le-feu exigé le 22 octobre par le Conseil de sécurité.

« J'étais très heureux du résultat obtenu, même s'il ne s'agissait que d'un cessez-le-feu », déclara Waldheim en 2004. « Avec le temps, je regrette que nous n'ayons pas alors saisi l'occasion pour lancer un processus de paix. [...] Néanmoins les Nations unies avaient alors apporté la démonstration qu'elles étaient bel et bien en mesure de contribuer à la résolution des conflits, même après une guerre aussi cruelle. »

L'année suivante, le 22 novembre 1974, l'ONU reconnaissait par une résolution de l'Assemblée générale le droit des Palestiniens « à l'autodétermination sans ingérence extérieure » et leur « droit à l'indépendance et à la souveraineté nationales ». Malgré ce texte confirmant leur « droit au retour » et malgré le soutien des agences de l'ONU, les réfugiés demeurent à ce jour parqués dans des camps et le plan de partage de 1948 est resté lettre morte.

Autre souvenir, bien différent, la résolution 3370 du 10 novembre 1975 (révoquée par une autre résolution en décembre 1991) énonça que « le sionisme est une forme de racisme et de discrimination raciale ». Outré, l'ambassadeur israélien Chaim Herzog, après avoir affirmé que celle-ci était fondé sur la haine, le mensonge et l'arrogance, déclara : « Pour nous, le peuple juif, il ne s'agit que d'une feuille de papier, et c'est ainsi que nous la considérerons. » Puis il la déchira.

Chypre envahie

En juillet 1974, l'île de Chypre, au sud de la Turquie, connut une crise grave, non résolue à ce jour. « L'affaire chypriote fut l'un des sujets majeurs auxquels les Nations unies ont été confrontées. Je dirais même que c'est un cas d'école », reconnut Waldheim. Ce conflit commença lorsque la junte grecque organisa un coup d'État contre le gouvernement de ce petit pays membre de l'ONU depuis 1960. Ankara réagit immédiatement : en deux jours, la Turquie occupa le nord de l'île et contraignit 200 000 Chypriotes grecs à l'exode. Malgré la chute des colonels en octobre, Ankara refusa de retirer ses troupes de l'île, qui demeure encore coupée en deux en 2018. La crise, qui fut à deux doigts de provoquer une guerre entre la Grèce et la Turquie, exigea un certain doigté de la part de l'ONU pour éviter toute aggravation, mais fit aussi l'objet de maintes frustrations.

Kurt Waldheim molesté par les Iraniens

Le 4 novembre 1979, dix mois après la chute du chah d'Iran, fidèle allié des États-Unis, quatre cents étudiants islamistes chauffés à blanc prirent d'assaut l'ambassade américaine à Téhéran. En dépit de la réaction des Marines, ils prirent soixante-trois personnes en otage, auxquelles s'ajoutèrent trois membres de l'administration capturés au ministère des Affaires étrangères. Leur revendication : que le chah – qui venait alors de trouver asile à Washington – leur soit livré, pour être jugé en Iran. Hors de question pour les États-Unis : le président américain Jimmy Carter tenta des rétorsions économiques, notamment la suspension des importations de pétrole. En vain.

À l'ONU, la mobilisation fut immédiate. Fait nouveau et exceptionnel, le secrétaire général saisit en urgence le Conseil de sécurité – dont les membres discutaient informellement de l'affaire – et proposa ses « bons offices ». Le Conseil adopta une résolution ferme le 4 décembre, renouvelée le 31. Porteur d'une offre de médiation de l'ONU, Waldheim se rendit sur place, du 1er au 3 janvier 1980 : « Il se produisit tous les incidents possibles et imaginables : j'ai été confronté à la police secrète ; on m'a emmené dans un cimetière où l'on a essayé de me forcer à donner des informations que je n'avais pas ; j'ai été bousculé, renversé. Je n'ai jamais su si c'était des couteaux ou d'autres objets que l'on m'appuyait dans le dos. Avec le recul, je pense que cette mission fut la plus dangereuse que j'ai jamais menée. Finalement, cela n'a servi à rien. Les Iraniens n'ont pas bougé d'un iota et ont refusé de libérer les otages. On n'a su que plus tard qu'ils attendaient l'issue de l'élection présidentielle américaine ; ils ne voulaient pas laisser Jimmy Carter les remporter. » Seul résultat concret de la mission du secrétaire général : la constitution d'une commission d'enquête internationale. La belle unanimité du Conseil se heurta à la question d'éventuelles sanctions, empêchant d'aller plus loin. Finalement, les prisonniers retrouveront leur pays en janvier 1981. Ne comptant que 55 membres en 1946, l'ONU en comprend près de 160 dans les années 1980. Elle est devenue une vraie organisation. Il lui reste à se débarrasser de la guerre froide.

Chapitre 3

Les Nations unies des années 1980 à nos jours

Avec les années 1980, les équilibres mondiaux se modifient lentement. D'une part, la crise de la dette affaiblit le tiers-monde tandis que les pays occidentaux, sous l'impulsion du président américain Ronald Reagan et du premier ministre britannique Margaret Thatcher, répandent sur la planète un néolibéralisme débridé et ravageur. D'autre part, des craquements apparaissent dans le bloc soviétique : le modèle économique « communiste » perd toute attractivité et la contestation politique grandit dans les pays dominés par Moscou. La course effrénée aux armements vide les caisses russes. Depuis 1978, l'élection du pape Jean-Paul II fait du Vatican un formidable outil idéologique contre l'URSS. Pour l'ONU, c'est la fin des grandes pensées développementistes, issues du Sud néo-marxiste, et l'émergence des thématiques de la durabilité et de la protection proactive de l'environnement. L'organisation étend son expertise et ses champs de compétences alors que la fin de la guerre froide laisse entrevoir une nouvelle vision de la paix et de la sécurité.

Vers une redistribution des cartes

L'invasion soviétique de l'Afghanistan

C'est le Péruvien Javier Pérez de Cuellar, alors secrétaire général adjoint de l'ONU, qui raconte le mieux cette autre page de l'Histoire : l'invasion de l'Afghanistan par l'Union soviétique en décembre 1979, car Waldheim lui avait confié la mission d'être son représentant sur place. « Comme je devais en référer au secrétaire général et non à l'Assemblée générale, qui avait condamné l'occupation soviétique, j'ai été considéré comme le représentant personnel du secrétaire général et non des Nations unies, ce qui m'a donné une plus grande liberté de mouvement et permis de dialoguer aussi bien avec les Russes qu'avec les Moudjahiddins, expliqua-t-il. Les leaders afghans étaient tous favorables au maintien de la présence soviétique parce qu'elle garantissait leur maintien au pouvoir. Mais nous étions également sous la pression du Pakistan, très désireux de mettre un terme à cette présence à ses frontières, et aussi sous celle, plus discrète, de l'Arabie saoudite, qui s'intéressait à la résolution du problème pour des raisons plus politico-religieuses. J'ai dû mener une négociation quasiment "quadripartite", que j'ai d'ailleurs poursuivie comme secrétaire général lorsque j'ai succédé à Kurt Waldheim. »

« La négociation fut particulièrement ardue et longue », se souvient-il encore. « Elle prit fin en 1988. La cérémonie se déroula à Genève en ma présence et en celles du secrétaire d'État américain et du ministre russe des Affaires étrangères, huit ans après l'invasion. Assis à mes côtés, comme coauteur de la négociation, se trouvait aussi le secrétaire général adjoint Diego Cordobés, qui avait œuvré avec beaucoup d'intelligence et de persévérance pendant toutes ces années. D'un point de vue international, cela fut un grand succès que d'amener des troupes étrangères à se retirer d'un territoire national ; mais il n'en était pas de même d'un point de vue interne. Le retrait des troupes soviétiques était allé de pair avec un climat de plus en plus chaotique en Afghanistan, qui conduisit à l'assassinat du chef de l'État. »

L'art de la diplomatie multilatérale

Brian Urquhart, qui occupait toujours le poste de sous-secrétaire général aux affaires politiques spéciales, vit arriver le 1er janvier 1982 le nouveau secrétaire général, Javier Pérez de Cuellar, auprès duquel il travailla jusqu'en 1986. « Cuellar était un homme extrêmement intelligent, qui n'avait, pour autant que je puisse l'observer, aucune prétention, qui ne voulait pas se prendre pour un grand leader, et qui, dans sa manière tranquille, tenait à aller jusqu'au bout des choses. » Un secrétaire général qui arriva « au pire moment de la guerre froide », et connut également la chute du Mur de Berlin et la transition vers le monde d'aujourd'hui jusqu'à son départ en 1991.

Pérez de Cuellar avait l'avantage de connaître l'ONU de l'intérieur. D'abord pour avoir, de 1971 à 1975, été ambassadeur du Pérou auprès des Nations unies, et présidé à deux reprises le Conseil de sécurité. Ensuite pour avoir été envoyé par Kurt Waldheim comme son représentant spécial à Chypre de 1975 à 1977, et avoir été nommé secrétaire général adjoint aux Affaires politiques de 1979 à 1981 (période durant laquelle il fut aussi envoyé en Afghanistan). Ce qui le prépara à cette diplomatie multilatérale, qui, dit-il non sans humour, est « faite de manœuvres, d'astuces, d'accords, d'engagements multiples afin d'obtenir des promesses d'appui ».

Le conflit Iran-Irak

Peu après que le nouveau secrétaire général eut pris ses fonctions, en septembre 1980, l'Irak dénonça les accords d'Alger de 1975 et attaqua l'Iran. Le conflit se poursuivit jusqu'en août 1988. La rivalité entre les deux pays portait sur la région stratégique du Chatt-El-Arab et s'expliquait par la recherche de la suprématie dans une zone riche en pétrole.

« Pendant ces années de guerre, j'ai fait le maximum pour négocier avec les deux parties, mais elles refusaient de discuter devant le secrétaire général des Nations unies », nous expliqua Javier Pérez de Cuellar. « C'est pourquoi j'ai dû organiser des rencontres à New York ou à Genève en rencontrant les Irakiens et les Iraniens dans des pièces séparées », en compagnie de celui qui mena la plupart des négociations sous les auspices des Nations unies : Olof Palme, Premier ministre de Suède (assassiné à Stockholm en 1986). Enfin, le 18 juillet 1988, après que le Conseil de sécurité eut fermement exigé le cessez-le-feu entre les deux pays, Khomeiny accepta de rendre les armes, et Pérez de Cuellar annonça la fin des hostilités le 20 août.

Les Malouines, îles de la discorde

Quasiment simultanément, se produisit un conflit très limité dans l'espace et le temps (mars à juin 1982), mais dont les conséquences se font encore sentir : celui des Malouines (Falkland Islands en anglais, Islas Malvinas en espagnol). Cet archipel de l'Atlantique sud situé au large des côtes de l'Argentine était un territoire britannique d'Outre-Mer. En 1965, après l'application de la Déclaration des Nations unies sur l'octroi de l'indépendance aux pays coloniaux, les négociations commencèrent sans succès entre l'Argentine et le Royaume-Uni. À bout de souffle, menacée par une crise économique, de plus en plus contestée par le peuple, la junte argentine décida de faire diversion en envahissant l'île le 2 avril 1982. « Le gouvernement argentin de l'époque avait commis une grave erreur stratégique en envahissant ces îles, décidant de les récupérer dans des circonstances qui ne leur étaient pas favorables. Ils se sont attaqués à une puissance mondiale qu'ils croyaient trop éloignée pour être en mesure de bien se défendre, et ont sous-estimé l'énorme avantage technique des Anglais », se souvient Pérez de Cuellar. Un conflit dont les Britanniques sortirent victorieux mais qui, en dépit de maintes négociations à l'ONU et de résolutions appelant l'Argentine à se retirer des îles, ne put se résoudre qu'après une guerre navale démesurée par rapport au territoire concerné. Cette courte guerre « non déclarée », fit un millier de victimes. Seule conséquence positive : l'humiliation subie par les Argentins força la junte militaire, au pouvoir depuis 1981, à démissionner, ce qui permit un lent retour à la démocratie. Aucun accord définitif n'a, à ce jour, été trouvé entre l'Argentine et le Royaume-Uni sur les Malouines, bien qu'un référendum organisé en 2013 donna raison aux Britanniques.

À l'automne 1982, dans son premier rapport en tant que secrétaire général, Javier Pérez de Cuellar, assisté d'Urquhart, se montra sévère envers le Conseil de sécurité, « incapable de prendre des actions décisives pour résoudre les conflits internationaux ». Il jugea que ses résolutions, même adoptées à l'unanimité, étaient « de plus en plus défiées ou ignorées par ceux qui se sentaient assez forts pour agir ainsi ». Neuf ans plus tard, le ton avait résolument changé et il avait retrouvé son plein optimiste quant à l'efficacité des Nations unies. Mais entre-temps, la guerre froide avait pris fin.

L'ONU confirme son rôle humanitaire

Le début des années 1980 fut l'occasion pour l'ONU de préciser son rôle humanitaire, qui est certainement celui dans lequel elle se montre le plus efficace.

La première opération humanitaire à grande échelle se situa lors de la famine que traversa l'Éthiopie (1984-1985), principalement révélée à l'époque par le photographe et cameraman kenyan Mohamed Amin dont les images furent diffusées dans le monde entier. Ce qui déclencha la première vague mondiale de solidarité et la mobilisation d'artistes tel Bob Geldorf qui organisa spontanément les concerts *Live Aid* et autres spectacles médiatiques de portée planétaire. L'ONU tenta d'intervenir dans l'urgence en envoyant massivement, souvent maladroitement, de l'aide humanitaire sur place, ainsi qu'au Soudan et à Djibouti où déferlaient des vagues de réfugiés de la faim. Tandis que le secrétaire général tentait d'intervenir au niveau politique. Javier Pérez de Cuellar eut notamment des entretiens, peu fructueux, avec le dictateur éthiopien Mengistu Haile Mariam. Ayant d'abord tenté de camoufler la famine, celui-ci s'en était servie pour faire fuir de force des milliers de villageois vers le sud afin de vider les zones du nord, détenues par la rébellion, notamment en Érythrée (région éthiopienne indépendante depuis 1993). Puis il avait tenté de détourner l'aide humanitaire. On estime que plus d'un million de personnes périrent durant cette famine qui toucha 8 millions d'Ethiopiens.

L'ONU, actrice de la paix au Salvador

Dès fin 1985, l'Organisation fut amenée à jouer un rôle actif en Amérique centrale, en plein chaos : le Salvador traversait une guerre civile depuis 1980 ; au Guatemala, le général Efraín Ríos Montt ayant pris la tête du pays après un coup d'État en 1982 menait sa politique des « terres brûlées » contre les Indiens mayas tout en luttant contre sa propre guérilla ; le Nicaragua était en proie à une rébellion menée par les *Contras* soutenus par le président Ronald Reagan, tandis que le Costa Rica, tout comme le Honduras (pays le plus pauvre de la région), accueillaient les réfugiés fuyant ces conflits.

Pérez de Cuellar et le secrétaire général de l'Organisation des États américains firent, en novembre 1985, une offre de services aux cinq pays de la région, et se rendirent sur place en janvier de l'année suivante. Un premier plan de paix élaboré par le président du Costa Rica, Oscar Arias Sánchez, fut soumis aux cinq pays en février 1987 dans la capitale guatémaltèque, et approuvé.

Un véritable accord-cadre, le traité Esquipulas II, donna à l'ONU le mandat de vérifier les engagements pris par chacun. Le secrétaire général mit en place une mission d'observation des élections au Nicaragua. Pour la première fois, l'ONU se retrouvait directement impliquée dans un processus électoral. Un scénario qui allait se reproduire dans d'autres régions du monde. Elle veilla ensuite au respect du cessez-le-feu dans le pays.

La plus spectaculaire réalisation de l'Organisation dans la région fut probablement la paix au Salvador. Après une sanglante guerre civile qui fit 100 000 morts en douze ans entre le régime dictatorial d'extrême droite soutenu par les États-Unis et la guérilla marxiste du FMLN (Front Farabundo Martí de libération nationale), armée par l'Union soviétique, une solution vit enfin le jour après d'intenses négociations des Nations unies. En décembre 1989, Javier Pérez de Cuellar réunit les présidents de ces cinq pays d'Amérique centrale afin qu'ils contribuent à une reprise d'un dialogue susceptible de conduire à un accord. D'intenses efforts furent poursuivis sur le terrain par l'envoyé spécial du secrétaire général, son compatriote péruvien Alvaro de Soto, qui joua un rôle crucial.

En juillet 1990, un premier accord fut conclu, acceptant l'envoi d'une mission d'observateurs. Et un accord de paix définitif fut signé le 31 décembre 1991, à l'heure même de l'expiration du mandat de Pérez de Cuellar, se souvient-il : « On a dû arrêter l'horloge pour que je puisse encore être en fonction. Comme je l'ai dit à mon successeur Boutros-Ghali : "Je vous ai volé vingt-cinq minutes de votre mandat". »

Fin de la guerre froide : révolution pacifique à l'ONU

La chute du Mur de Berlin le 9 novembre 1989 allait non seulement entraîner la réunification de l'Allemagne mais toucher l'ensemble de l'Europe de l'Est et faire littéralement imploser l'Union soviétique. Une évolution majeure pour l'avenir de l'ONU, qui allait pouvoir élargir ses capacités d'action au point que son rôle se modifia radicalement au cours des années suivantes. Avant de se trouver de nouveau prise en otage, de la seule superpuissance restante.

Javier Pérez de Cuellar se rappelle que « les Nations unies ont observé ces changements d'ordre interne en Union soviétique avec intérêt et respect. L'Organisation ne pouvait que se réjouir d'une évolution qui allait dans le sens d'une possible solution de ses problèmes et qui pouvait signifier une avancée vers la paix. La fin de la guerre froide a ouvert des horizons nouveaux en faisant tomber les barrières idéologiques. Cette nouvelle donne changea profondément le climat aux Nations unies, surtout au sein du Conseil de sécurité. D'ailleurs, lorsque le secrétaire général du Parti communiste Mikhaïl Gorbatchev m'annonça à Moscou, en mars 1985, qu'il allait soutenir dans le futur l'action de paix de l'ONU, je pus prévoir le changement de politique extérieure ».

Accompagner la Namibie vers l'indépendance

L'ONU avait reconnu dès 1972 le mouvement de libération South West Africa People's Organization (Swapo) comme le représentant légitime du peuple namibien, et exigé le retrait de l'Afrique du Sud qui n'avait cessé de défier l'Organisation mondiale. Un changement radical se produisit après la bataille de Cuito Cuanavale en janvier 1988 en Angola, la plus importante engagée sur le continent africain depuis la Seconde Guerre mondiale, qui mit aux prises l'armée sud-africaine et les soldats angolais soutenus par ceux venus de Cuba. Sans réel vainqueur, la bataille affaiblit grandement le président d'Afrique du Sud, Pieter Botha. Suivit une série de négociations qui conduisit, grâce à la coopération des États-Unis et de l'Union soviétique, à la signature d'un accord de paix le 22 août 1988. Un contingent de Casques bleus de l'ONU allait suivre dès le printemps 1989, et l'Organisation jouer le rôle d'accompagnatrice vers des élections libres, et l'indépendance le 20 mars 1990.

« Ce fut pour moi, avec la fin de la guerre Iran-Irak », note Javier Pérez de Cuellar, « l'une des expériences les plus satisfaisantes de mes deux mandats. D'autant plus que l'indépendance de la Namibie apaisa le climat en vue de la fin de l'apartheid ». Sous la pression internationale, le président sud-africain Frederik De Klerk engagea en effet en 1991 « un processus dont la consécration fut l'accession au pouvoir de Nelson Mandela » en 1994. L'année précédente, le président De Klerk et Nelson Mandela reçurent le prix Nobel de la paix.

Première guerre du Golfe : l'enjeu de l'information

Dès la fin du mois de juillet 1989, l'ONU avait été informée de tensions à la frontière irako-koweïtienne. « L'une des faiblesses des Nations unies a toujours été de ne pas avoir une connaissance opportune des informations dont disposaient à l'époque les États-Unis et l'Union soviétique, grâce à leurs avions espions capables de photographier les territoires à une très grande distance », souligne Pérez de Cuellar. « Tant les Américains que les Russes avaient remarqué cette concentration d'environ 100 000 hommes à la frontière du Koweït, ce qui était totalement disproportionné au regard de la faible superficie de ce pays et de sa modeste armée. » Le 2 août 1990, l'Irak envahit le Koweït sur fond de différend concernant les prix du pétrole. Le Conseil de sécurité fut immédiatement convoqué et condamna l'annexion. À l'époque, l'URSS, qui vit ses dernières heures, n'est plus qu'un fantôme sur la scène internationale.

« J'ai pensé qu'il était de mon devoir de réagir et pris contact avec Tarek Aziz, le ministre irakien des Affaires étrangères, qui accepta immédiatement de me rencontrer », poursuit Pérez de Cuellar. « La situation commença à traîner. Le Conseil de sécurité adoptait des mesures de plus en plus sévères contre l'Irak. Il y eut aussi d'autres interventions comme celle d'Ievgueni Maksimovitch Primakov, un diplomate russe qui entretenait des liens étroits avec les pays arabes. Puis les États-Unis prirent la tête d'une coalition [de 32 pays]. À la fin de l'année 1990, il y avait autour de l'Irak la force militaire la plus puissante dont on garde mémoire. Je continuais cependant à penser que le rôle du secrétaire général des Nations unies était d'essayer jusqu'au bout de parvenir à un règlement pacifique, même si les États-Unis avaient déjà certainement planifié tous leurs mouvements. »

Le secrétaire général décida donc de se rendre à Bagdad, dans un avion affrété par le gouvernement suisse. Au cours de ce voyage, il put rencontrer le président Saddam Hussein, sans parvenir à le faire changer d'avis. « Je suis donc reparti, les mains vides, informer le Conseil de sécurité. Je n'avais jamais nourri de grands espoirs quant à cette visite à Bagdad, mais je tenais à ce que les Nations unies fassent cet ultime effort. »

Les États-Unis font alors monter la pression avec le témoignage spectaculaire d'une infirmière devant le Sénat américain. La jeune femme décrit des soudards irakiens maltraitant des nourrissons dans un hôpital koweïtien. On découvrira plus tard qu'il s'agissait d'une supercherie, l'« infirmière » étant en réalité la fille de l'ambassadeur du Koweït aux États-Unis chargée de propager ce mensonge.

Après avoir décidé d'un embargo qui devait durer douze ans avec des conséquences dramatiques pour les populations, le Conseil de sécurité autorisa le recours à la force en vertu du chapitre VII de la charte. La coalition, menée par les États-Unis, commença son attaque militaire deux jours après, le 17 janvier 1991 (opération Tempête du désert). Une fois obtenu le retrait des forces irakiennes du territoire koweïtien, l'ONU aida à la reconstruction, et au retour des Kurdes qui, craignant de nouvelles représailles de Saddam Hussein, s'étaient enfuis vers la Turquie. Sa mission sur place, dirigée par le prince Saddrudin Aga Khan, envoyé spécial du secrétaire général, décida de faire appel aux gardes de l'ONU (ces gardes habituellement chargés d'assurer la sécurité des bâtiments onusiens) pour aider à assurer la protection des populations kurdes. Après l'accord passé avec l'Irak en mai 1991, fut ainsi constitué le Contingent du corps de garde de l'ONU, déployé peu après. Une première dans l'histoire de l'Organisation, mais une initiative jamais renouvelée, bien qu'elle ait été considérée comme une réussite, en ce qu'elle aura rassuré les populations kurdes et aidé aux efforts du HCR (Haut-Commissariat pour les réfugiés) et de l'UNICEF (Fonds des Nations unies pour l'enfance) pour les réinstaller dans leurs villages.

Face au monde qui naît

Boutros Boutros-Ghali : secrétaire ou général ?

Début 1992, au moment où l'opération cambodgienne était sur le point de se mettre en place, un nouveau secrétaire général avait repris les rênes de l'Organisation. Très différent de Javier Pérez de Cuellar, Boutros Boutros-Ghali, ex-ministre des Affaires étrangères et vice-Premier ministre d'Égypte, fit preuve d'un esprit d'indépendance qui, selon certains, pouvait friser l'arrogance. Il estimait qu'un secrétaire général devait pouvoir agir davantage comme un général que comme un secrétaire – tandis que les États-Unis voulaient un secrétaire et surtout pas un général, ce dont il se plaignit souvent.

Pour le nouveau responsable du Secrétariat, prendre un tel poste au moment de la fin de la guerre froide apparut d'abord comme une occasion unique, ouvrant la voie à tous les possibles. Mais il déchanta très vite : « J'ai eu la chance, trente jours après ma nomination, que se tienne le premier Conseil de sécurité au niveau des chefs d'État et de gouvernement dans l'histoire des Nations unies. Ce Conseil a adopté une série de résolutions et m'a confié un mandat. Ce mandat, je l'ai compris comme une demande qui m'était faite de penser au rôle nouveau que devaient jouer les Nations unies dans le contexte de l'après-guerre froide. J'ai donc rédigé un document dans ce sens, l'Agenda pour la paix, qui a eu un grand retentissement et qui a fait l'objet de nombreux débats, tant au sein de l'Assemblée générale qu'au Conseil de sécurité. Et tout ceci m'a amené à penser que non seulement le secrétaire général était appelé à jouer un rôle nouveau, mais qu'en plus, il avait l'appui des États membres. Or, c'était une double erreur de ma part, dans la mesure où la fin de la guerre froide a suscité l'émergence d'une superpuissance unique, qui entendait bien par ailleurs gérer les Nations unies à sa guise. »

Au Cambodge, un nouveau rôle pour l'ONU

L'invasion du Cambodge par l'armée vietnamienne en 1978, et les onze années de combats qui suivirent, au cours desquelles les Khmers rouges commirent les pires atrocités, dévastèrent le pays. Vers la fin du conflit, le Conseil de sécurité avait commencé à jouer un rôle actif dans la recherche d'une solution pacifique. La négociation avait été menée sur place par le secrétaire général adjoint, Rafeeuddin Ahmed, et s'était poursuivie lors d'une série de conférences à Paris et New York dès le milieu de l'année 1989 et tout au long de 1990. Enfin, le 23 octobre 1991, l'accord final sur le plan de paix élaboré par le Conseil de sécurité avait été signé, conduisant à la création de deux missions de l'ONU. Boutros Boutros-Ghali nomma le Japonais Yasushi Akashi à la tête de l'Autorité provisoire des Nations unies au Cambodge (APRONUC), créée le 28 février 1992. Sa mission englobait les droits de l'homme, l'organisation et la conduite d'élections générales, libres et équitables, des questions d'ordre militaire, d'administration civile et de maintien de l'ordre, le rapatriement et la réinstallation des personnes déplacées et des réfugiés cambodgiens, ainsi que la reconstruction des infrastructures de base du pays pendant une période de transition. Pour l'ONU, ce fut un tournant : les opérations de maintien de la paix allaient désormais – au-delà de leur mission traditionnelle – se charger plus largement d'accompagner le retour à une vie normale dans tous les domaines de la société, même si toutes ne seraient pas couronnées de succès.

Création du Département des opérations de maintien de la paix

La première grande initiative prise par le nouveau secrétaire général, présentée dès juin 1992, peu après son entrée en fonction, fut l'« Agenda pour la paix », qui visait à rappeler et faire appliquer le rôle primordial des Nations unies en matière de diplomatie préventive et de rétablissement et de maintien de la paix. Boutros-Ghali développa l'idée d'un continuum paix-développement destiné à mettre en cohérence l'action internationale dans tous les secteurs (économique, politique, social, culturel, etc.) afin de prévenir les conflits. Une initiative qui ne fut pas suivie de réel effet en raison des craintes américaines de voir l'ONU prendre le « contrôle » des affaires du monde, mais qui fut l'un des éléments permettant de reconnaître à l'Organisation la capacité de mener à bien des opérations de maintien de la paix de grande ampleur. L'une des premières réformes internes à l'ONU lancée par Boutros-Ghali fut de créer un Département des opérations de maintien de la paix (DOMP) dirigé par un secrétariat général adjoint sous la responsabilité directe du secrétaire général. Jusqu'alors, les opérations relevaient du département des Affaires politiques spéciales. Boutros-Ghali confia la direction du DOMP au Britannique Marrack

Goulding, avant que Kofi Annan, en février 1993, en prenne à son tour la tête.

Déroute en Somalie

Suite à la famine découlant de la guerre civile au début des années 1980, l'ONU avait dépêché sur place l'Opération des Nations unies en Somalie (ONUSOM). Celle-ci se révéla incapable d'empêcher l'attaque des convois humanitaires par les belligérants. Fin 1992, le président américain George H. Bush proposa au secrétaire général d'envoyer une coalition armée soutenir l'ONU. Boutros Boutros-Ghali, d'abord réticent, accepta. Le Conseil de sécurité soutint l'initiative, et l'aide alimentaire commença d'être distribuée dans de meilleures conditions de sécurité. Mais, en octobre 1993, une unité des forces spéciales américaines lança un raid pour tenter de capturer le général en chef des combattants, Mohammad Farrah Aidid, sans en avoir informé la mission de l'ONU. Or ce raid fut un échec total. Comme le rappelle Frederic Eckhard, ancien porte-parole des Nations unies, « lors d'une bataille féroce au centre de Mogadiscio, deux hélicoptères américains furent abattus, dix-huit Rangers américains tués, et le corps d'un entre eux fut montré à la télévision, à demi nu, traîné dans les rues par les rebelles. Un drame dont Ridley Scott s'inspira pour son film *La chute du faucon noir*, en 2001. Pour calmer l'opinion américaine, le président Bill Clinton, qui avait succédé depuis le début de l'année à George H. Bush, mit un coup de frein à la mission somalienne. [...] À l'époque les États-Unis firent porter le tort à Boutros-Ghali, qui accepta ce rôle de bouc émissaire plutôt que de pointer du doigt un puissant État membre[1]. »

---

1 Frederic Eckhard, *Kofi Annan*, éditions du Tricorne, 2009.

Impuissance face à l'explosion des Balkans

Les années 1990 avaient décidément mal commencé. À peine Boutros Boutros-Ghali était-il entré en fonction qu'éclatait, en avril 1992, le premier conflit de l'après-guerre froide, celui qui verrait la Yougoslavie morcelée en plusieurs États dans un déluge de violence. Le 25 juin 1991, la Slovénie et la Croatie proclamèrent unilatéralement leur indépendance. Leur démarche reçut le soutien de Berlin. En octobre, Dubrovnik la croate fut assiégée et bombardée par l'armée fédérale yougoslave, dominée par les Serbes et les Monténégrins. Tour à tour, des conflits allaient éclater : en 1991 en Slovénie, puis de 1991 à 1995 en Croatie, de 1992 à 1995 en Bosnie (où le siège de Sarajevo par les forces serbes devint le point central de l'attention mondiale), et en 1998 et 1999 au Kosovo.

La manière dont l'ONU traita la crise est généralement reconnue comme l'une des plus désastreuses de son histoire. Elle lança une gigantesque opération appelée Force de protection des Nations unies (FORPRONU), mobilisant 38 599 Casques bleus, 684 observateurs militaires des Nations unies, plus 803 policiers civils et 4000 civils, dont le rôle reviendrait non pas à protéger les populations mais à leur assurer une distribution d'aide humanitaire. Cette attitude suscita de vives critiques jusqu'au sein des troupes, au point que deux généraux, le Français Jean Cot (supervisant l'ensemble de l'opération) et le Belge Francis Briquemont (chargé de Sarajevo) démissionnèrent début 1994, furieux de se retrouver réduits à une totale impuissance. La FORPRONU ne fut autorisée à recourir à la force qu'en cas d'attaque de l'une des six « zones de sécurité » créées le 6 mai 1993 par le Conseil de sécurité (Sarajevo, Bihac, Tuzla, Zepa, Srebrenica et Gorazde), auquel cas elle devait alors coordonner son action avec celle de l'OTAN. Le massacre de Srebrenica, qui fit 8 000 morts en juillet 1995, sous les yeux des Casques bleus fut la démonstration la plus flagrante de l'impuissance de l'ONU.

« Dans l'affaire yougoslave, j'ai été confronté à deux handicaps majeurs : d'une part, l'absence de volonté des parties prenantes au conflit de négocier, ensemble, une solution politique ; d'autre part, un désaccord au sein même du Conseil de sécurité », explique Boutros Boutros-Ghali. « Il existait, précise-t-il encore, une division très nette entre les Européens, surtout la France et la Grande-Bretagne, qui avaient des troupes sur le terrain, et les États-Unis, tandis que la Russie défendait une "position proserbe" ».

En réponse aux incriminations dont il fut personnellement l'objet, l'ancien secrétaire général ajoute : « Je ne veux pas un seul instant sous-estimer la responsabilité des Nations unies, mais nous étions face à une situation tellement complexe qu'elle devenait quasiment impossible à résoudre. [...] Dès le début, les Américains ont souhaité ne pas intervenir, mais ce n'est que beaucoup plus tard que j'ai appris que l'intervention américaine en Somalie devait leur servir d'alibi pour ne pas intervenir en Yougoslavie. » Il rappelle encore que la conférence de Londres d'août 1992 avait partagé le pouvoir entre l'Union européenne, représentée par l'ancien ministre des Affaires étrangères britannique David Owen, et l'ONU, représentée par l'Américain Cyrus Vance. Tandis que pour les opérations militaires, les responsabilités avaient été réparties entre l'OTAN d'une part, et les Nations unies de l'autre, ce qui avait créé des dissensions. « Il devient quasiment impossible pour les Nations unies de résoudre un conflit si les principaux protagonistes sont en désaccord », conclut-il.

Le Conseil de sécurité décida de restructurer la FORPRONU en mars 1995 et de la remplacer par trois missions distinctes mais reliées, avec une attention particulière pour la Bosnie-Herzégovine, où le conflit, qui fit au moins 200 000 victimes, prit définitivement fin après la signature des Accords de Dayton le 14 décembre 1995.

La tache indélébile du Rwanda

Lorsque se produisit le génocide des Tutsis du Rwanda en 1994, Kofi Annan était directeur du Département des opérations de maintien de la paix. Depuis octobre 1993, la Mission des Nations unies au Rwanda (MINUAR) était chargée de superviser un cessez-le-feu entre Kigali et le Front patriotique rwandais de Paul Kagamé. Comment le fameux télégramme de SOS envoyé par le général canadien Romeo Dallaire, à la tête de la MINUAR, ne fut-il pas suivi d'action au siège ? Lors d'une cérémonie commémorative, le 7 avril 2004, Kofi Annan, alors secrétaire général de l'ONU, déclarait à Genève, devant la Commission des droits de l'homme : « Lorsque nous repensons à ces événements et que nous nous demandons "Pourquoi personne n'est-il intervenu ?", nous devrions poser la question non seulement à l'ONU mais aussi à ses États membres. Nul ne saurait plaider l'ignorance. » Au moins 800 000 personnes furent massacrées entre le 7 avril et le 4 juillet 1994.

Trop subtil pour les Américains

En décembre 1996, alors qu'approchait la fin du premier mandat de Boutros-Ghali, l'ambassadrice américaine à l'ONU, Madeleine Albright (qui allait devenir Secrétaire d'État des États-Unis en janvier 1997), avait déjà fait savoir qu'elle s'opposerait à sa réélection. Washington estimait – avec un aplomb certain – que le secrétaire général de l'ONU avait manqué de « cohérence et de compétence » lors des crises en Somalie et en Bosnie et que, dans les deux cas, les États-Unis s'étaient retrouvés par sa faute dans une position stratégique gênante, voire périlleuse. Washington ne recula devant rien pour discréditer un secrétaire général qui avait le tort de prendre trop d'initiatives comme la conférence de Vienne de 1993 sur les droits de l'homme, convoquée sans consulter le Conseil de sécurité. Qualifiée d'historique par Jean Ziegler, celle-ci aboutit pourtant à la « Déclaration de Vienne », soumise aux représentants des 171 États réunis le 25 juin 1993. Désormais, tous les droits de l'homme (civils et politiques ; économiques, sociaux et culturels) étaient déclarés universels, indivisibles et interdépendants. Les États-Unis s'abstinrent, hostiles à la reconnaissance des droits économiques et sociaux. C'est à Vienne que fut créé le Haut-Commissariat des Nations unies aux droits de l'homme (HCDH). Les États-Unis ne lésinèrent pas pour abattre le diplomate égyptien. « J'ai eu droit à des attaques régulières dans la presse », se souvient Boutros-Ghali. « On m'a accusé d'être antisioniste, antisémite, incompétent, pro-arabe… On a dit que je ne savais pas gérer l'Organisation, qui se portait mal, comme si les États-Unis, qui ne payaient pas leur contribution, pouvaient s'affranchir de la crise financière dans laquelle nous étions plongés ! »

Sans surprise, les Américains opposèrent leur veto. Et Kofi Annan fut désigné secrétaire général des Nations unies.

Une priorité : le désarmement

Dans le parc du mémorial de la paix à Hiroshima, une flamme brûle toujours depuis qu'elle fut allumée en 1964. Il est écrit qu'elle ne sera éteinte « que lorsque la dernière arme nucléaire aura disparu de la Planète ». Depuis sa création et les bombardements américains sur le Japon, l'ONU a toujours fait du désarmement, nucléaire et classique, l'une de ses priorités. Pour tenter d'y parvenir, elle n'a cessé de multiplier les structures et de coordonner la signature de traités entre États. Dès le 26 janvier 1946, l'Assemblée générale des Nations unies adoptait une résolution sur les « problèmes soulevés par l'énergie atomique ».

En 1952 fut établie la Commission des Nations unies sur le désarmement, liée au Conseil de sécurité. Cinq ans plus tard, en 1957, était créée l'Agence internationale sur l'énergie atomique (AIEA), organisme autonome placé sous l'égide de l'ONU, en réalité un forum intergouvernemental scientifique et technique visant à encourager et faciliter l'utilisation de l'énergie nucléaire à des fins pacifiques menant également d'utiles inspections sur place. Parmi les dates notables : le 29 juillet 1954, l'Inde soumet à la Commission du désarmement des Nations unies une proposition de Traité d'interdiction complète des essais nucléaires (TICEN). Suivit, en 1968, le Traité sur la non-prolifération des armes nucléaires, ratifié par cent quatre-vingt-sept pays (mais qu'Israël, l'Inde et le Pakistan n'ont toujours pas signé), par lequel les États signataires s'engagent à entreprendre le désarmement nucléaire et cesser toute forme de course aux armements, qui fut prorogé pour une durée indéfinie en 1995. En 1978, la première session extraordinaire de l'Assemblée générale a instauré la Conférence du désarmement, seule instance de l'ONU à être autorisée à négocier les questions de désarmement au niveau international. Enfin, en 1980, fut créée une agence chargée de rassembler toutes les informations sur le sujet, l'Institut des Nations unies pour la recherche sur le désarmement (UNIDIR), suivi en 1982 du Département des affaires de désarmement (DAD), placé sous la supervision directe du Secrétariat en 1998, et ayant pour principale mission d'assister le secrétaire général sur les questions de désarmement et de sécurité.

En 1996 fut signé le Traité d'interdiction totale des essais nucléaires (TICE). L'entrée en vigueur en 1997 de la Convention sur les armes chimiques fut une nouvelle étape dans un processus entamé en 1925, lorsque le Protocole de Genève avait interdit l'utilisation d'armes au gaz toxique. Suivit, en 1972, la Convention sur les armes biologiques, entrée en vigueur en 1975. Ces principaux mécanismes, traités, accords et organes, ont été accompagnés de centaines d'autres, signés entre régions, États, ou à la suite de différends. Certains prévoient un contrôle de leur vérification, et ont permis une réduction de la course aux armements. Mais ils ne sont pas une panacée aux risques que font peser les tensions que connaît aujourd'hui le monde, en particulier depuis le 11 septembre 2001. Dans ce domaine, la volonté des gouvernements est l'élément moteur. Par exemple, le 7 juillet 2017, l'Assemblée générale adopte, à une écrasante majorité, un projet de traité interdisant les armes nucléaires. Seul problème : les puissances détentrices de ce type d'arme (États-Unis, Russie, Royaume-Uni, Chine, France, Inde, Pakistan, Corée du Nord et Israël) boycottent un traité jugé « irréaliste ».

Des réformes nécessaires

Un secrétaire général issu du sérail

Récemment décédé et ayant fait l'objet de nombreux éloges à travers le monde, Kofi Annan, né au Ghana, éduqué partiellement dans son pays puis aux États-Unis et à Genève, avait occupé son premier poste aux Nations unies en 1961. Il quitta l'ONU en 1974 pour travailler durant deux ans comme directeur du tourisme au Ghana ; en 1976, il revint dans la fonction publique onusienne où il fut chargé des ressources humaines et de l'administration, avant d'être nommé directeur du Département des opérations de maintien de la paix.

Seule la France, irritée que les Américains se soient opposés fermement et assez injustement à la réélection du francophone Boutros Boutros-Ghali, exprima une réticence à élire Kofi Annan, avant de céder. Du fait de son excellente connaissance interne de l'Organisation, Kofi Annan mesurait le besoin de la réformer. C'est donc ce à quoi il s'attela dès 1997. S'il ne put parvenir à d'importants changements structurels, il obtint néanmoins d'améliorer les relations entre le Secrétariat et le Conseil de sécurité en encourageant un dialogue plus direct avec les délégués, de réduire quelques-unes des dépenses de l'Assemblée générale et d'ouvrir plus largement l'accès de la machine onusienne à la « société civile ». Il commença aussi à impliquer le monde des affaires et encouragea les contributions financières indispensables pour combler le déficit né de considérables retards de paiement de gouvernements, les États-Unis à leur tête. Le premier à se manifester fut, dès septembre 1997, Ted Turner, magnat des médias américains, qui versa spontanément un milliard de dollars à l'ONU.

Kofi Annan mit toute son énergie à donner de la substance à la fonction de secrétaire général afin d'être aux yeux des populations le visage d'une ONU qui répond à leurs préoccupations : « Quand j'ai été élu, la plupart des gens, moi le premier, avaient tendance à ne s'intéresser qu'à la dimension politique de la fonction à travers le rôle de médiation et de bons offices du secrétaire général. Il restait cependant des domaines où l'Organisation, bien que très active dans le secteur humanitaire, n'était pas aussi présente qu'elle aurait pu l'être et dans lesquels elle souffrait d'un réel déficit de communication ; je pense en particulier à l'action relative au développement économique, à la lutte contre les maladies et, plus généralement, à nos relations avec le public. Il est important que le secrétaire général contribue à renforcer la confiance de l'opinion publique dans l'Organisation. »

Arriérés de paiement américains

Les relations entre l'ONU et les États-Unis s'étaient tellement envenimées que le nouveau secrétaire général jugea indispensable de se rendre sans tarder à Washington pour tenter de resserrer les liens distendus, et obtenir des Américains qu'ils paient leur dette. S'il reçut un accueil plutôt chaleureux, aussi bien de la part du président Clinton et de la Secrétaire d'État Madeleine Albright que des membres du Capitole, il fut plus difficile d'obtenir le paiement des arriérés (936 millions de dollars). Il fallut attendre fin 1999 pour que le Congrès vote une loi, signée par Bill Clinton, autorisant leur paiement, signe d'une confiance que les Américains n'avaient pas accordée depuis bien longtemps.

Tête-à-tête avec Saddam Hussein

En janvier 1998, après que Saddam Hussein eut annoncé qu'il interdisait l'accès à ses palais aux inspecteurs en désarmement de l'ONU, l'Égypte prit l'initiative de faire appel à Kofi Annan qui, comme l'explique Frederic Eckhard[1], sentit qu'il avait un « devoir sacré » d'agir. Il lui fallut encore plusieurs entretiens avec les quinze membres du Conseil de sécurité pour obtenir l'aval dont il avait besoin pour sa mission de « bons offices ». Les États-Unis tracèrent des « lignes rouges » que Kofi Annan ne devrait en aucun cas dépasser avec le président irakien. Une fois ces limites bien définies, il fut autorisé à partir.

Sur place, après de longues tergiversations, Saddam Hussein accepta de le recevoir. Le soir même, il signait un accord dans lequel il s'engageait à laisser les inspecteurs vérifier les sites soupçonnés de cacher des armes de destruction massive, décision accueillie avec enthousiasme par les Européens, beaucoup moins par les Américains. Surtout après que Kofi Annan, de retour à New York, eut déclaré publiquement que Saddam Hussein était « un homme avec qui il pouvait s'entendre », ce qui provoqua un véritable tollé parmi la droite américaine, l'accusant d'avoir « pactisé avec le diable ».

Le développement de la justice pénale internationale

Les guerres yougoslaves et le génocide des Tutsis au Rwanda suscitèrent une volonté de justice. En l'absence d'une Cour pénale internationale (qui ne sera créée qu'en 2002), le Conseil de sécurité – étendant ses compétences d'une manière imprévue par la Charte – instaura des

1 Frederic Eckhard, *op. cit.*

tribunaux spéciaux : le Tribunal pénal international pour l'ex-Yougoslavie (TPIY) en 1993 et le Tribunal pénal international pour le Rwanda (TPIR) en 1994. Comme le note le site de l'ONU, l'Organisation « a également participé de diverses façons à la création, entre autres, du Tribunal spécial pour la Sierra Leone et des Chambres extraordinaires des tribunaux cambodgiens. ». Le bilan de cette justice internationale fit débat : la juridiction du TPIY ne s'étendit pas à l'action de l'OTAN et le TPIR ne fut pas soutenu par le principal intéressé : le Rwanda.

L'ONU chargée de « l'administration » du Kosovo...

Début 1998, le président nationaliste de la Serbie Slobodan Milošević, en représailles aux campagnes de guérilla de l'Armée de libération du Kosovo nouvellement créée à l'encontre des forces serbes et yougoslaves, commença à chasser des centaines de milliers de Kosovars albanais vers l'Albanie, la Macédoine et le Monténégro. Après le désastre de la FORPRONU dans les autres régions de l'ex-Yougoslavie, il était impératif de repenser l'attitude à adopter.

Malgré les interventions diplomatiques et la pression du Conseil de sécurité, qui, le 23 septembre, exigea un cessez-le-feu, le retrait des forces serbes et l'ouverture de négociations, les affrontements se poursuivirent, faisant craindre un nettoyage ethnique. Décidé à utiliser la force, y compris de manière illégale, Washington organisa le fiasco de la conférence de Rambouillet avec l'appui de l'Allemagne.

Les Américains décidèrent unilatéralement, sans attendre l'autorisation du Conseil de sécurité mais avec l'OTAN, de procéder, dès le 24 mars 1999, à des bombardements sur la Serbie, contraignant Milošević à se retirer du Kosovo et à accepter la présence de forces militaires étrangères sur le territoire. Le 27 mai, Louise Arbour, procureure du Tribunal pénal international pour l'ex-Yougoslavie (TPIY) annonçait officiellement l'inculpation de Milošević pour « crimes contre l'humanité » au Kosovo. Une décision qui fit date dans l'histoire de la justice internationale. Les crimes de guerre de l'OTAN, quant à eux, demeurent à ce jour hors d'atteinte.

Dans le droit fil de son expérience au Cambodge, l'ONU estima qu'il était temps d'assumer des responsabilités d'un genre nouveau, dépassant largement le cadre du maintien de la paix. Le Conseil de sécurité (résolution 1244 du 10 juin 1999) créa la Mission d'administration intérimaire des Nations unies au Kosovo (MINUK), chargée d'administrer le territoire en attendant une solution politique. Le lendemain, Kofi Annan chargea Sergio Vieira de Mello de démarrer cette opération constituée de quatre composantes principales : administration civile, affaires humanitaires, reconstruction et création d'institutions. Le Français Bernard Kouchner, nommé chef de mission, occupa ces fonctions de mi-juillet 1999 à janvier 2001.

… puis du Timor oriental

Alors que la moitié ouest de l'île de Timor était une province indonésienne, la partie orientale, ancienne colonie portugaise occupée dès juillet 1976 par l'Indonésie (annexion jamais reconnue par l'ONU) avait subi la brutale oppression de ce pays pendant vingt-trois ans, en dépit de multiples interventions du Conseil de sécurité. Suite à l'établissement en juin 1999 d'une première mission des Nations unies sur place, le Timor oriental revendiqua son indépendance le 30 août 1999 par un référendum suivi d'une campagne de terreur. En deux mois, les milices pro-indonésiennes massacrèrent entre 600 et 2 000 civils venus se rajouter aux 200 000 victimes des années précédentes, et rasèrent 80 % des très sommaires infrastructures du territoire, entraînant la fuite de 256 000 réfugiés vers l'ouest de l'île. L'ONU, échaudée par l'exemple du Rwanda et instruite par l'expérience du Kosovo, décida de déclencher sans attendre l'opération qui allait être la plus ambitieuse de son histoire. Non seulement elle entreprit de faire cesser les combats, mais elle voulut aussi aider ce territoire de 746 000 habitants à se reconstruire, et l'accompagner vers l'indépendance. Tout comme elle l'avait fait au Kosovo, elle allait se charger elle-même d'administrer le pays naissant, en attendant qu'il soit à même de prendre le relais.

Le 25 octobre 1999 était créé l'Administration transitoire des Nations unies au Timor oriental (UNTAET), composée de 8 000 Casques bleus de vingt-quatre nations et de plus d'un millier de fonctionnaires et bénévoles internationaux, avec Sergio Vieira de Mello à sa tête. En dépit de débuts pour le moins difficiles et hasardeux, cette opération totalement inédite pour l'ONU est encore aujourd'hui considérée comme l'un de ses principaux succès. Le 20 mai 2002, le Timor oriental, qui prit le nom de Timor-Leste, devenait indépendant.

Casse-tête au Proche-Orient

Après vingt-deux ans d'occupation, l'armée israélienne se retirait finalement du Liban, en mai 2000, acceptant d'appliquer la résolution 425 adoptée en 1978, peu après l'invasion de la partie sud du pays. Une décision due en grande partie aux négociations entamées par le Norvégien

Terje Roed-Larsen, que Kofi Annan avait nommé son envoyé spécial un mois après que Benjamin Netanyahu (du Likoud) eut été remplacé par Ehud Barak (du parti travailliste) au poste de Premier ministre d'Israël. Le secrétaire général de l'ONU étant parvenu à convaincre les membres du Conseil de sécurité, surtout les Américains, que l'ONU était la seule à pouvoir donner une légitimité au retrait israélien du Liban, l'Organisation avait obtenu le monopole de toute négociation avec les Syriens, les Libanais et les Israéliens. Et obtenu ce retrait tant attendu. Une avancée considérée comme l'un des grands succès de Kofi Annan.

Un succès de courte durée. Dès septembre 2000, la situation s'était déjà de nouveau assombrie sous l'influence du nouveau chef du Likoud, Ariel Sharon, qui avait effectué une visite délibérément provocatrice, encadrée par 1 500 policiers, de l'esplanade des mosquées. Ce qui déclencha une nouvelle révolte des Palestiniens, la Seconde Intifada. Le processus de paix retournait à la case départ.

En octobre, Washington convoqua à Sharm el-Sheikh, en Égypte, un sommet auquel le président de l'Autorité palestinienne Yasser Arafat accepta, sur l'insistance de Kofi Annan, de participer. Un sommet qui posa les fondations en vue de la création de ce qu'on appela le Quartet, composé des Nations unies, des États-Unis, de l'Union européenne et de la Russie. En septembre 2001, au début de l'Assemblée générale annuelle des Nations unies, Kofi Annan invita dans son bureau le Secrétaire d'État américain Colin Powell et le Haut Représentant pour la politique étrangère de l'Union européenne Javier Solana à confirmer leur volonté commune de travailler au processus de paix. « Il était devenu un acteur à part entière dans un domaine de la diplomatie dont l'ONU avait été exclue depuis des décennies », note Frederic Eckhard. Sans grande surprise compte tenu de la partialité américaine en faveur d'Israël et de l'impuissance européenne, le Quartet perdit peu à peu beaucoup de son poids et de son influence, surtout auprès des Palestiniens.

Le 12 septembre 2001, le lendemain de l'attaque du World Trade Center à New York, le Conseil de sécurité, réuni en session d'urgence, décida qu'elle constituait une menace à la paix et à la sécurité internationales. Trois jours plus tard, les États-Unis désignaient Al-Qaida et Oussama Ben Laden comme les principaux suspects. Et le 7 octobre, ils déclenchaient des attaques aériennes contre des positions de talibans en Afghanistan, les justifiant comme un premier acte d'autodéfense, légitime au titre de l'article 51 de la Charte des Nations unies. Le Conseil de sécurité décida de soutenir la position américaine.

Richard Holbrooke, ambassadeur des États-Unis à l'ONU, déclarait alors que Kofi Annan « était le meilleur secrétaire général que nous aurions pu avoir étant donné les circonstances ». En octobre, le prix Nobel de la paix, pour son centième anniversaire, fut décerné conjointement à l'ONU et à son secrétaire général, reconduit pour cinq ans.

En Afghanistan, quelques mois après l'attaque américaine, le régime des talibans était renversé. Avec l'aval des Nations unies, l'OTAN prit en août 2003 le commandement de la Force internationale d'assistance à la sécurité (FIAS) que le Conseil de sécurité avait mis en place en Afghanistan en décembre 2001, composée de troupes de trente-sept pays. Loin d'avoir retrouvé un semblant de stabilité, le pays demeure toujours une poudrière.

L'Irak attaquée sans l'aval du Conseil de sécurité

Le président George W. Bush avait décidé d'attaquer l'Irak, située dans une région stratégique et très riche en pétrole, et rien ne l'arrêterait. Le soi-disant lien entre ce pays et Al-Qaida, jamais démontré et que le temps révélera erroné, lui en fournit le prétexte, auquel s'ajoutait la recherche de prétendues armes de destruction massive, dont il fut rapidement confirmé qu'elles n'avaient jamais existé. Kofi Annan tenta en vain de freiner l'agressivité américaine.

Pour ceux qui en furent les témoins, la séance du Conseil de sécurité du 5 février 2003, qualifiée d'historique, eut quelque chose de totalement irréel. D'un côté, Colin Powell – enferré dans un gigantesque mensonge – tentait de convaincre ses homologues, en projetant des diapositives et en agitant une mystérieuse fiole, que les Irakiens étaient dotés d'armes de destruction massive. De l'autre, le ministre des Affaires étrangères français Dominique de Villepin dénonçait les visions néoconservatrices américaines et insistait pour que les inspections de l'ONU se poursuivent : « En quoi la nature et l'ampleur de la menace justifient-elles le recours à la force ? Comment faire en sorte que les risques considérables d'une telle intervention puissent, réellement, être maîtrisés ? Cela exige de toute évidence une démarche collective de responsabilité de la part de la communauté internationale. En tout état de cause, il doit être clair que, dans le cadre d'une telle option, les Nations unies devront être au cœur de l'action. » La France et la Russie menacèrent de mettre leur veto. Les États-Unis, sans déposer de résolution, partirent en guerre avec leur allié britannique, en violation flagrante du droit international.

Le 24 février, Kofi Annan déclarait : « Si des mesures sont prises sans l'autorité du Conseil de sécurité, leur légitimité et l'appui dont elles jouiraient seraient sérieusement compromis. » Mais ni ces arguments, ni les manifestations monstres d'opposants n'empêchèrent Washington et ses alliés d'attaquer l'Irak le 20 mars 2003.

Dès qu'il devint évident que la guerre créerait un chaos durable, et qu'elle serait très dommageable pour l'image des États-Unis, Washington se retourna vers l'ONU en lui proposant d'entreprendre un programme d'aide à la reconstruction du pays. Kofi Annan nous confie : « Le siège de l'ONU se trouve aux États-Unis, un pays très puissant, une superpuissance en réalité. Du fait de leur poids politique, les États-Unis jouent donc un rôle très important au sein des Nations unies. Mais il ne faut cependant pas perdre de vue que l'ONU est avant tout une organisation d'États souverains, et que les États-Unis ne sont qu'un pays sur cent quatre-vingt-dix. Ils doivent souvent aller plaider leur cause auprès des autres nations ; cela s'est particulièrement vérifié dans l'affaire irakienne, où les États-Unis n'ont pas réussi à convaincre certains des autres membres du Conseil de sécurité de soutenir la guerre en Irak. »

Désireux de calmer le jeu, Annan invita les membres du Conseil à travailler ensemble à la reconstruction de l'Irak. Une résolution reconnaissant la coalition menée par les États-Unis comme la puissance occupante de l'Irak, et demandant à Kofi Annan de nommer un représentant spécial dans le pays, fut adoptée. Ce faisant, l'ONU donnait une base légale à l'occupation d'un État membre de l'ONU par un autre…

Le « 11-Septembre » de l'ONU

Le 3 juin 2003 fut envoyée à Bagdad une mission de haut niveau, dirigée par le diplomate brésilien Sergio Vieira de Mello, en détachement de son poste de Haut-commissaire aux droits de l'homme qu'il assumait depuis neuf mois. Son rôle, tel qu'expliqué par Kofi Annan à la veille de la mission, serait d'« aider le peuple iraquien, en coordination avec l'Autorité [provisoire de la Coalition], d'accomplir de nombreuses activités, y compris l'aide humanitaire, la reconstruction, la remise en état de l'infrastructure, les réformes juridiques et judiciaires, les droits de l'homme et le retour des réfugiés ainsi que d'aider également la police civile. »

Une mission impossible, dit-on, que Sergio Vieira de Mello tenta d'accomplir du mieux possible, dans des conditions désespérantes. Le diplomate s'attacha à écouter les Irakiens, leur proposant une assistance juridique et technique dans le rétablissement des institutions, faute de pouvoir apporter à ce pays occupé une aide concrète, et surtout de pouvoir se démarquer de la puissance occupante. Une mission dont il ne reviendrait jamais. Le 19 août 2003, le chauffeur d'un camion rempli d'explosifs s'arrêta sous les fenêtres du bureau de Sergio Vieira de Mello au Canal Hôtel, et appuya sur le détonateur, causant sa mort et celle de vingt et une autres personnes (dont l'expert en droit des réfugiés Arthur Helton). L'ONU venait de vivre ce qu'elle appela son « 11-Septembre », l'attentat le plus brutal visant directement l'Organisation.

Étrangement, Kofi Annan hésita à retirer son personnel, ce qui lui valut de vives critiques. Finalement, le 22 septembre 2003, après que le Canal Hôtel eut fait l'objet d'une nouvelle attaque faisant une victime parmi le personnel irakien, il décida d'établir des bureaux à distance de l'Irak, en Jordanie et à Chypre.

La situation ne cessa de se détériorer de mois en mois, et l'irritation de Kofi Annan de grandir. Le 16 septembre 2004, il accordait une interview à la BBC, reconnaissant que l'invasion américaine en Irak était « illégale ». Juste après l'interview, après que son porte-parole Frederic Eckhard lui eut suggéré que cette petite phrase risquait de lui apporter des ennuis, il fit une réponse aussi brève que limpide : « Eh bien, c'est ce que je pense. »

Pour l'ONU en général, et Kofi Annan en particulier, cette période fut une sorte de descente aux enfers avec pour point culminant le scandale du programme Pétrole contre nourriture.

Au chevet de l'Asie meurtrie par le tsunami

Entre-temps, l'ONU avait une nouvelle fois démontré sa capacité à faire face à de graves crises humanitaires en apportant massivement les secours d'urgence après le tsunami du 26 décembre 2004, qui fit au moins 286 000 victimes en Indonésie, au Sri Lanka, en Thaïlande et au sud de l'Inde. Le secrétaire général, qui commençait à recouvrer ses forces, se rendit sur place. Il prit « des décisions difficiles sur la manière dont il traiterait désormais avec les États-Unis » et redéfinirait la « relation afin de la rééquilibrer », estime celui qui fut son adjoint responsable du Département des opérations du maintien de la paix, le Français Jean-Marie Guéhenno. « Mais surtout, alors qu'il mobilisait l'effort de secours, il acquit la confirmation que l'ONU avait encore un rôle très important à jouer dans le monde. Il avait retrouvé un sens des objectifs à atteindre », ajoute-t-il.

Un concept contestable : la responsabilité de protéger

Traumatisés par l'impuissance de l'ONU au Rwanda et en Bosnie, des diplomates cherchèrent à élargir les possibilités légales de recourir à la force. C'est ainsi que naquit le principe de « responsabilité de protéger les populations contre le génocide, les crimes de guerre, le nettoyage ethnique et les crimes contre l'humanité », comme le précise la résolution adoptée par l'Assemblée générale en octobre 2005. Son objectif, souligné dès septembre 2005 lors d'un Sommet mondial à la suite de l'étude commandée par le secrétaire général, la rapproche du « devoir d'ingérence » préconisé par le juriste Mario Bettati et le fondateur de Médecins sans frontières Bernard Kouchner. Selon ce principe, il incombe désormais « à la communauté internationale, dans le cadre de l'Organisation des Nations unies, de mettre en œuvre les moyens diplomatiques, humanitaires et autres moyens pacifiques appropriés, conformément aux chapitres VI et VIII et de la Charte, afin d'aider à protéger » les populations contre ces crimes, lorsque leur gouvernement ne veut, ou ne peut, s'acquitter lui-même de cette responsabilité. « Cette notion capitale », expliquera Kofi Annan, « signifie essentiellement que le respect de la souveraineté nationale ne peut plus servir d'excuse à l'inaction ».

Inspirée au départ d'une idée généreuse, la responsabilité de protéger réhabilite l'ingérence, prétexte historique de l'impérialisme des grandes puissances. Comme le rappelle le juriste belge Olivier Corten, « le principe de non-intervention est le fruit d'un combat historique remporté par les États les plus faibles. Tout au long du XIXe siècle, ils ont subi un colonialisme et un impérialisme qui aimaient eux aussi à se parer de la défense des valeurs de la "civilisation". Plus spécifiquement, l'argument humanitaire a très souvent été invoqué pour justifier des actions militaires des États occidentaux, à l'encontre de l'Empire ottoman, en Afrique ou en Extrême-Orient…[1] ». Dans les faits, la responsabilité de protéger recoupera les intérêts des puissances. Peut-on fonder un système juridique sur des principes dont on sait à l'avance qu'ils seront à géométrie variable ?

La responsabilité de protéger ouvre une faille imprévue et dangereuse dans l'interdiction de recours à la force. S'agissant d'opérations armées qui, par définition, peuvent provoquer la mort, les perturbations internationales paraissent inévitables. Recourir à des engins meurtriers, quel que soit le motif invoqué, constitue toujours un échec pour les droits fondamentaux : pour défendre certains civils, on en met d'autres en danger. C'est pourquoi de nombreux juristes rejettent d'ailleurs l'expression de « guerre juste » (passée des écrits de saint Augustin[2] aux discours de George W. Bush) ou celle de « guerre humanitaire ». De telles formules visent en effet à masquer la réalité en confondant deux registres de discours (libertés fondamentales et violence armée) dans un manichéisme commode. Vice-président du Comité international de la Croix-Rouge, Jacques Forster fait part de ses craintes : « L'expérience démontre que, lorsque l'humanitaire est confondu avec une action politique ou militaire, il contribue bien plus à alimenter les conflits qu'à y mettre un terme[3] ».

---

1 Olivier Corten, « Les ambiguïtés du droit d'ingérence humanitaire », *Le Courrier de l'Unesco,* Paris, juin 1999.

2 Saint Augustin fait partie, avec Thomas d'Aquin, des penseurs catholiques qui ont théorisé l'idée de « juste cause » qui légitimerait une guerre, alimentant un certain manichéisme.

3 Archives du Worldwide Faith News, 2000.

En troisième lieu, seule intervention décidée en vertu de la responsabilité de protéger, l'intervention franco-britannique en Libye en 2011 a durablement miné le consensus au sein du « P5 ». L'abstention constructive de Moscou et de Pékin avait permis l'adoption d'une résolution du Conseil de sécurité autorisant les États membres à prendre « toutes les mesures nécessaires » pour « protéger les populations et zones civiles », notamment en faisant respecter une « zone d'exclusion aérienne », tout en « excluant le déploiement d'une force d'occupation étrangère ». En pratique, l'OTAN a outrepassé le mandat confié par le Conseil de sécurité. L'intervention a en outre abouti à la chute de Mouammar Kadhafi, en violation du droit international. La Libye est, depuis l'intervention occidentale, plongée dans un dangereux chaos qui a déstabilisé tout le Sahel, contribuant à l'essor du terrorisme.

Quel que soit l'intérêt du principe de la « responsabilité de protéger », son application constitue une révision rampante de la Charte de l'ONU, avec toutes les incertitudes que cela comporte. Ce texte, a fortiori dans ses éléments structurels, ne peut être révisé sans respecter les procédures, sous peine de susciter une crise de confiance entre États, y compris les plus puissants.

Le terrorisme : une nouvelle forme de menace à la paix

Le terrorisme figure à l'ordre du jour de l'ONU depuis des décennies. De nombreuses conventions traitant d'activités terroristes internationales particulières ont été élaborées au sein du système des Nations unies depuis 1963. Mais les attaques menées sur le territoire américain le 11 septembre 2001 marquèrent un cap important dans l'appréciation que le risque de terrorisme faisait désormais peser sur la paix mondiale.

Dès le lendemain du 11-Septembre, l'ONU réagissait. Le Conseil de sécurité adopta une première résolution condamnant catégoriquement ces actes. Puis il adopta le 28 septembre la résolution 1373 assimilant le terrorisme à la criminalité et établissant toute une liste de mesures visant à réduire ou prévenir ce fléau (échanges d'informations, blocage des flux financiers, surveillance des déplacements d'individus suspects, etc.), et décidant la création d'un Comité contre le terrorisme dépendant directement du Conseil.

Outre le Conseil de sécurité, de nombreux services et agences de l'ONU intégrèrent le terrorisme à la réflexion sur leurs objectifs ou à leurs programmes d'actions concrètes. Tandis qu'une lutte plus coordonnée et directement ciblée se mettait en place aux plus hauts niveaux. Il était évident que les moyens traditionnels de maintien de la paix, alliant force militaire et diplomatie, ne pourraient convenir à cette nouvelle forme de menace concrète à la paix. Ni qu'aucune « guerre » ne pourrait vaincre le terrorisme, comme le révéla clairement le conflit mené par les États-Unis en Irak, pays qui, en dépit d'allégations alors avancées, n'était d'ailleurs nullement concerné par les attentats du 11-Septembre, comme cela fut confirmé sans équivoque peu après.

Le moment le plus significatif de l'effort de coopération planétaire visant à lutter contre le terrorisme fut le sommet de l'ensemble des pays membres de l'ONU tenu à New York du 14 au 16 décembre 2005 visant à condamner le terrorisme sous toutes ses formes et dans ses multiples manifestations. Près d'un an plus tard, cette rencontre internationale aboutissait à l'adoption à l'unanimité, le 8 septembre 2006, d'une Stratégie antiterroriste mondiale, dont le projet avait été soumis par Kofi Annan lors du sommet mondial de 2005. Une stratégie accompagnée d'un plan d'action concret visant à éliminer les conditions propices à la propagation du terrorisme, le prévenir et le combattre, prendre des mesures pour étoffer les moyens dont disposent les États et renforcer le rôle des Nations unies dans cette lutte, et garantir le respect des droits de l'homme lorsqu'on combat le terrorisme.

La lutte contre le terrorisme butte cependant contre l'impossibilité de le définir précisément. Depuis les années 1970, l'Assemblée générale se heurte à la résistance des pays du Sud qui redoutent qu'une définition trop large ne serve de prétexte à certains gouvernements afin d'affaiblir des mouvements de libération nationale légitimes.

Défis globaux

Ébauche d'une collaboration avec l'Union africaine

Après Kofi Annan, qui acheva son second mandat fin 2006, ce fut au tour du Sud-coréen Ban Ki-Moon, diplomate de carrière, alors ministre des Affaires étrangères de son pays, de reprendre le poste de secrétaire général, premier asiatique après le Birman U Thant à occuper cette fonction depuis la création de l'ONU. Il souhaita alors engager de grandes réformes rendant plus lisible et plus efficace l'action collective : « Nous devons rendre cette Organisation davantage digne de confiance. Les défis sont nombreux, et le niveau d'attente de la communauté internationale est très élevé. Nous nous voyons confier de nombreux mandats. Nous traversons une période où les priorités se multiplient, car il s'agit à la fois de traiter des défis globaux, de s'intéresser aux préoccupations régionales et de promouvoir les droits de l'homme ainsi que le développement économique et social. Nous avons besoin de la totale participation des États membres. Et en même temps nous devons faire preuve d'encore plus d'adaptabilité, être multifonctionnels, plus transparents, et assumer pleinement nos responsabilités afin de gagner l'entière confiance des États membres. »

Dès son entrée en fonctions en janvier 2007, il déclara vouloir faire de la crise du Darfour, au Soudan occidental, sa priorité. À l'époque, le conflit avait déjà fait entre 300 000 et 400 000 morts, causé la fuite de centaines de milliers de personnes, dont un grand nombre au Tchad ; Kofi Annan avait d'ailleurs qualifié cette situation d'« enfer sur terre ». Dès le départ, l'ONU avait décidé d'adopter une attitude ferme vis-à-vis de Khartoum, accusé de vouloir se livrer à un « nettoyage ethnique ». L'envoi en 2006 d'une force interafricaine n'ayant rien résolu, Ban Ki-Moon lança un appel à la communauté internationale pour qu'elle soit renforcée par une force d'intervention rapide. Il l'obtint. Le 31 juillet 2007, le Conseil de sécurité adopta la résolution 1769 prévoyant le déploiement d'ici au 31 décembre d'une force conjointe avec l'Union africaine, l'Opération hybride de l'Union africaine et des Nations unies au Darfour (MINUAD), qui devait compter, à terme, jusqu'à 26 000 hommes (20 000 soldats et 6 000 policiers). Le gouvernement soudanais refusa de reconnaître la validité de la mission et considéra les Casques bleus, surtout les non Africains, comme une force étrangère importune. Dès le lendemain, le Soudan y lançait des opérations militaires tandis que se poursuivaient les raids contre les camps de réfugiés civils dans une zone souffrant déjà gravement de famine. Le 14 juillet 2008, le procureur de la Cour pénale internationale, Luis Moreno-Ocampo, inculpa le président soudanais Omar el-Bachir de crimes contre l'humanité et crimes de guerre. Toutefois, les méthodes du procureur ont soulevé de sérieuses controverses tandis que l'inculpation suscitait la réprobation de certains pays africains dénonçant une ingérence.

Le défi du développement, l'enjeu climatique : l'ONU à la manœuvre

Ban Ki-Moon prend ses fonctions au moment où la nécessité de soutenir les Objectifs du Millénaire pour le développement (OMD) se répand. L'ONU s'engage également dans la protection de l'environnement avec le processus des COP qui déboucheront en 2015 à Paris avec l'accord climat à l'issue de la COP21. Si la diplomatie française a montré tout son talent à cette occasion, ce sont bien les Nations unies qui organisèrent cette vaste négociation mondiale.

Sous l'impulsion de Kofi Annan, l'Assemblée générale a adopté les OMD lors du sommet du Millénaire en 2000. Ban Ki-Moon, conscient de la tâche à accomplir, déclare : « L'humanité est confrontée à de nombreux défis auxquels il nous faut répondre à l'échelle globale, tel le changement climatique ou la crise alimentaire mondiale, et nous devons poursuivre nos efforts en vue d'atteindre les Objectifs du millénaire pour le développement. Je me suis engagé à réaliser ces objectifs et à faire face à ces défis en étroite coordination avec les États membres, car les Nations unies ont besoin d'un puissant soutien des États. Cet engagement continuera de me guider dans ma manière d'aborder toutes ces questions qui nous concernent tous, et ma ferme volonté d'y travailler avec les gouvernements n'a en rien changé. »

Tout le système des Nations unies est mobilisé pour faire avancer les États dans la poursuite des Objectifs du développement durable (ODD) qui ont succédé aux OMD en 2015. En ce qui concerne le développement comme le climat, le volontarisme politique manque de la part des gouvernements. Ce qui les conduit parfois à sous-estimer les moyens à mettre en œuvre. Sans compter le « gallicanisme » des Institutions financières internationales. Concrètement, nous explique le président de l'Assemblée générale Peter Thomson (2016-2017), « chacun doit prendre conscience du précipice sur lequel nous fait marcher l'absence de développement durable *(precipice of unsustainability)* » et mettre les moyens sur la table. « Ce sont les États qui devront payer. L'Assemblée générale ne peut que fixer des directions et braquer les projecteurs sur les enjeux. Mon rôle est de laisser à mon successeur quelques points d'appui pour continuer le travail. » Ne disposant pas de moyens coercitifs, l'Assemblée a surtout pour rôle d'organiser une sorte de pression sociale pour inciter les États, qui demeurent souverains, à changer de positions.

Antonio Guterres, secrétaire général de la dernière chance ?

Après les deux mandats quelque peu besogneux et falot de Ban Ki-Moon, l'élection du Portugais Antonio Guterres fin 2016 a suscité de grands espoirs de redynamisation de l'ONU. Pour la première fois, le processus fut en partie public avec des auditions des candidats devant l'Assemblée générale. Si les P5 conservent la main sur le choix final, ils acceptèrent cette nouvelle formule et, comme nous le relate le diplomate grec Ioannis Vrailas, alors au cabinet du président de l'Assemblée générale, ce fut un moment particulièrement solennel : « L'image des quinze membres du Conseil de sécurité se présentant ensemble devant les médias pour annoncer que leur choix unanime pour le successeur de Ban Ki-Moon à la tête de l'ONU se portait sur Antonio Guterres constituait, en ce début d'octobre 2016, une rare manifestation d'unité tout autant bienvenue qu'elle n'était pas nécessairement attendue. En effet, au vu de la polarisation qui régnait au sein du Conseil sur une série de dossiers importants, dont la situation en Syrie, force était de craindre que le processus de sélection du nouveau secrétaire général ne prenne un sérieux retard, et surtout qu'il aboutisse au candidat présentant le plus petit dénominateur commun. » Stéphane Dujarric, ancien porte-parole de Kofi Annan puis de Ban Ki-Moon et qui occupe aujourd'hui la même position auprès d'Antonio Guterres, souligne que ce dernier « est le premier secrétaire général de l'ONU à avoir été chef de gouvernement. Au-delà de l'expérience que cela lui a apporté, cela lui permet de comprendre l'impact de la politique intérieure sur la politique étrangère et donc des positions que les États membres sont parfois obligés d'observer. » Un atout qui a sans doute contribué à l'élection du Portugais.

Pourtant, ses premiers pas parurent décevants à certains, celui-ci se montrant lent à désigner ses principaux collaborateurs. Il est vrai que Guterres affronte une administration américaine ouvertement hostile à l'ONU et une crise financière sans précédent due à la pusillanimité des États membres (Washington en tête), plaçant l'organisation au bord de la cessation de paiements. Mais mi-avril 2018, les bombardements américains, britanniques et français en Syrie provoquèrent une nette réaction du secrétaire général. Trois membres permanents se sont affranchis des « règles très claires » de la Charte au sujet du recours à la force. Devant le Conseil de sécurité, le 14 avril, Antonio Guterres les rappelle à leurs devoirs : « Il y a une obligation, notamment en matière de paix et de sécurité, d'agir conformément à la Charte des Nations unies et au droit international en général. La Charte de l'ONU est très claire sur ces questions. [...] Le Conseil de sécurité est le premier responsable du maintien de la paix et de la sécurité internationales et j'invite [ses] membres à s'unir et à exercer cette responsabilité. J'exhorte tous les États membres à faire preuve de retenue dans ces circonstances dangereuses et à éviter tout acte qui pourrait aggraver la situation et les souffrances du peuple syrien. » À ce moment-là, il incarne véritablement l'esprit des Nations unies en rappelant les pays les plus puissants à leurs obligations. Chacun se prend à rêver d'un secrétaire général ne comptant pas son temps pour porter la bonne parole dans le monde à l'heure où grandissent les périls, y compris pour l'ONU, comme lorsque M. Guterres souligne l'importance de l'accord sur le nucléaire iranien.

Ainsi que nous le confie Stéphane Dujarric, « Antonio Guterres a bien évidemment conscience de l'importance de la crise sans précédent que connaît le système multilatéral à travers le monde. Il considère que son rôle est d'en défendre les valeurs sur la scène internationale, d'en expliquer l'importance aux populations. » D'où l'enjeu de faire aboutir les principales réformes internes qui lui tiennent à cœur (prévention des conflits et des crises, développement durable, maintien de la paix).

Toute l'histoire des Nations unies depuis 1945 illustre la recherche d'affirmation d'un ordre international qui n'a pas la prétention naïve de retirer leur force aux grandes puissances mais de les conduire vers l'acception de règles du jeu qui sont également dans leur intérêt. C'est une navigation permanente entre la recherche de la légitimité et celle de l'efficacité du pouvoir international en construction, rappelle Bernard Miyet, ancien secrétaire général adjoint de l'ONU. Selon les périodes, la sécurité collective progresse, stagne ou régresse. Cela dépend des convictions des acteurs de la scène mondiale. Mais, comme le confiait le président Jacques Chirac à Romuald Sciora : « Qui peut raisonnablement croire qu'il peut y avoir une alternative crédible au multilatéralisme, raison d'être, noblesse et mission des Nations unies ? » C'est pourquoi, au-delà des imperfections, il importe de ne pas perdre de vue l'essentiel : refonder l'ONU et la replacer au centre du jeu mondial.

Partie 2

Replacer l'ONU au cœur des relations internationales

La Charte de San Francisco assigne aux Nations unies le but d'« être un centre où s'harmonisent les efforts des nations vers [d]es fins communes » (article 1 alinéa 4) qu'elle énonce, c'est-à-dire, outre le maintien de « la paix et [de] la sécurité internationale », « réaliser la coopération internationale en résolvant les problèmes internationaux d'ordre économique, social, intellectuel ou humanitaire, en développant et en encourageant le respect des droits de l'homme et des libertés fondamentales pour tous, sans distinctions de race, de sexe, de langue ou de religion ». L'ONU dispose donc d'un mandat très large destiné à en faire le centre de pilotage des relations internationales et le lieu privilégié où se déroulent les débats sur les grands enjeux mondiaux. Les cinquante et un États fondateurs en 1945, et ceux qui les ont rejoints depuis, s'engagent donc à accorder à l'ONU l'essentiel de leur attention et de leurs efforts pour construire la paix et organiser une « communauté internationale ».

Or, le développement des relations internationales depuis une trentaine d'années dessine une marginalisation progressive de l'organisation. Cette mise à l'écart tendancielle se trouve parfois masquée par des coups d'éclat spectaculaires tels que la signature de l'accord sur le climat à Paris en décembre 2015, émanation de la Convention cadre des Nations unies sur le changement climatique. Mais des questions majeures échappent à sa supervision dans l'indifférence quasi générale, sapant son autorité et parfois sa crédibilité.

Cette désaffection est souvent présentée par les médias et les commentateurs dominants comme le résultat des fautes de l'organisation elle-même qui serait « trop bureaucratique » et « incapable de se réformer ». Si ces reproches reflètent une partie de la réalité, ils n'expliquent pas les raisons profondes du phénomène. Ils minorent en outre les conséquences dramatiques que la marginalisation de l'ONU fait courir à la paix et à la stabilité du monde mais aussi au progrès économique et social d'une partie importante de la population de la planète. Ils permettent enfin aux États de dissimuler leur propre responsabilité derrière un bouc-émissaire tout trouvé.

Chapitre 4

Une si commode éclipse

L'affaiblissement relatif de l'ONU est le produit d'un ensemble de mécanismes à la fois politiques, économiques et idéologiques qui se combinent pour grignoter ses fondements. Décortiquer ces mécanismes permet de comprendre comment l'ONU a été éclipsée de la scène internationale et, *in fine*, rendue responsable de l'incurie et de la lâcheté des États. Les gouvernements, y compris ceux qui prétendent défendre les Nations unies, font en réalité preuve, au mieux, de passivité, au pire d'un désintérêt qui traduit un désaveu des valeurs de la Charte de San Francisco. Ce phénomène prend plusieurs formes : la multiplication de forums concurrents de l'ONU, l'amputation progressive de son champ d'action, la surinterprétation négative des scandales qui émaillent son fonctionnement.

Un mandat tronqué dès l'origine par les institutions de Bretton Woods

Si la Charte de San Francisco assigne à l'ONU le mandat le plus large, une faille se creuse dès l'origine. Un an avant le lancement de l'organisation en 1945, deux autres institutions sont créées, la Banque mondiale et le Fonds monétaire international (FMI), à Bretton Woods en 1944. Leur but est d'établir un cadre pour la coopération économique en vue du développement. À cette fin, elles dispensent des conseils et de l'assistance technique aux États, attribuent des prêts et aident les gouvernements à élaborer des programmes d'action. La pratique et les soubresauts de l'économie mondiale vont progressivement transformer les institutions de Bretton Woods en véritable prescriptrices des politiques à suivre par chaque pays en lieu et place de l'ONU et de ses organes spécialisés comme le Conseil économique et social (Ecosoc). Outrepassant leur mission, les Institutions financières internationales (IFI) vont devenir le centre névralgique de production et de coordination des règles économiques mondiales.

Le statut spécial des IFI, en marge de l'ONU, s'explique aussi pour des raisons historiques et idéologiques : après la guerre, les questions économiques et sociales ne font naturellement pas consensus entre l'Ouest et l'Est qui opposent le « capitalisme » et le « communisme ». Il est donc particulièrement difficile de trouver un terrain d'entente mondial sur ces questions au moment où se déploie le système des Nations unies.

Pour les pays « bénéficiaires » de l'assistance des IFI, les conséquences seront souvent douloureuses en termes de souveraineté mais aussi de niveau de vie sans que les statuts de ces institutions ne leur confèrent un droit réel d'expression. Après une phase keynésienne dans les années 1960-1970, particulièrement visible à la Banque mondiale, les IFI vont épouser la vague néolibérale et monétariste qui déferle à partir des années 1980 sur la planète, sous l'impulsion du président américain Ronald Reagan et du premier ministre britannique Margaret Thatcher. Dans les pays dits du tiers-monde, les institutions de Bretton Woods deviennent même de véritables gouvernements parallèles dictant aux autorités publiques locales le cadre de leur développement. Les programmes d'ajustement structurel, dont l'échec ne sera reconnu que très tardivement par les

IFI, symbolisent ce rôle directeur, exercé souvent en dépit des réalités de terrain[1].

Les IFI travaillent selon des règles propres, souvent contraires à celles de l'ONU. Leur fonctionnement repose notamment sur la prééminence des États les plus riches auxquels sont attribués les droits les plus importants et qui pilotent à ce titre les décisions qu'elles adoptent. L'ONU, au contraire, s'appuie sur le principe d'égalité souveraine des États qui se traduit notamment par l'attribution, au sein de l'Assemblée générale, d'une voix à chaque pays. La seule entorse à cette égalité juridique est évidemment le droit de veto accordé aux cinq membres permanents du Conseil de sécurité : ce privilège est issu de leur rôle durant la Seconde Guerre mondiale et non de leur richesse ; il est circonscrit aux réunions du Conseil. La philosophie de l'ONU diffère donc radicalement de celle des IFI.

Manœuvres dilatoires

Dès l'origine, les IFI ont affirmé leur autonomie, soutenue avec détermination par les gouvernements les plus puissants, notamment celui des États-Unis. Elles ont symboliquement toujours refusé de se soumettre à l'autorité de l'Ecosoc. Dès 1946, le secrétaire général Trygve Lie, qui conclut sans problème un accord de coopération avec l'Organisation internationale du travail, née en 1919, se heurte aux manœuvres dilatoires de la Banque mondiale et du Fonds monétaire international. Selon E. Mason et R. Asher, « la Banque craignait très fort qu'en devenant une agence spécialisée de l'ONU, elle soit soumise à un contrôle ou à une influence politique indésirable et que cela fasse du tort

1 Sur ce sujet, lire Anne-Cécile Robert, *L'Afrique au secours de l'Occident*, Alliance des éditeurs indépendants, 2006.

à sa notation (credit rating) à Wall Street[1]... ». Un accord est finalement trouvé en 1947. Officiellement, la Banque reçoit le statut d'organisation spécialisée de l'ONU mais elle peut, concrètement, fonctionner comme une « organisation internationale indépendante ». Fait remarquable : la Banque peut juger elle-même des informations utiles à communiquer à l'Ecosoc, ce qui constitue, de fait, une dérogation à l'article 17 alinéa 3 et à l'article 64 de la Charte des Nations unies qui donne le droit à l'Ecosoc d'obtenir des rapports réguliers de la part des agences spécialisées. Les IFI dérogent aussi à l'article 70 qui prévoit une représentation réciproque à chaque délibération. Or, la Banque mondiale et le FMI se réservent le droit de n'inviter des représentants des Nations unies qu'à la réunion du Conseil des gouverneurs. L'économiste Éric Toussaint, auteur d'une étude exhaustive sur le sujet, relate la bataille méthodique des institutions de Bretton Woods pour garantir leur autonomie, quitte à s'affranchir sans vergogne de la Charte de San Francisco. « La Banque et le FMI ont joué un rôle actif dans la guerre froide et plus tard dans la réaction des dirigeants des pays les plus industrialisés face à la montée en puissance des pays du tiers-monde qui revendiquaient un Nouvel ordre économique international. La Banque et le FMI ont violé la charte et plusieurs résolutions des Nations unies en soutenant la politique coloniale de la dictature de Salazar au Portugal et le régime de l'apartheid en Afrique du Sud[2]. »

Comme le rappelle encore Eric Toussaint : « Plusieurs pays du tiers-monde ont proposé au cours des années 1950 la création d'un nouvel organe onusien basé sur le système

---

1 Edward S. Mason et Robert E. Asher, *The World Bank since Bretton Woods*, The Brookings Institution, Washington, 1973.

2 http://www.cadtm.org/Conflits-entre-l-ONU-et-le-tandem

“un pays, une voix” et chargé de faciliter les prêts à leurs industries : le Special United Nations Fund for Economic Development (SUNFED). Les pays industrialisés s’y opposèrent farouchement, et firent triompher une contre-proposition. L’Association internationale de développement (AID), branche de la Banque mondiale, enterra le SUNFED. » Les IFI marginalisent également la Conférence des Nations unies pour le commerce et le développement (CNUCED) qui produit de nombreux rapports et données économiques et sociales mais qui ne joue aucun rôle directeur dans les évolutions de l’économie mondiale.

De nos jours, des passerelles existent entre l’ONU et les IFI. Des réunions annuelles de coordination permettent d’établir des synergies et d’harmoniser les préoccupations et les objectifs. Il n’en demeure pas moins que les IFI conservent une autonomie idéologique.

Logique marchande

Sur le fond, la prééminence des IFI impose des logiques marchandes et commerciales qui vident de leur sens la philosophie de la coopération internationale qui fonde l’ONU. Elles s’obstinent significativement à attribuer des prêts plutôt que des dons et les « conditionnalités » fixées à leur soutien imposent concrètement aux États « bénéficiaires » la loi d’airain du capitalisme néolibéral. La Déclaration universelle des droits de l’homme ne constitue pas pour elles une référence significative contrairement au système des Nations unies. Il en est de même de l’Organisation mondiale du commerce (OMC) qui est autonome vis-à-vis de l’ONU.

Dans de telles conditions, comment les Nations unies peuvent-elles organiser la coopération internationale en vue du développement ? La position des IFI les prive des leviers principaux qui leur permettraient de piloter concrètement l'économie mondiale. Les pays occidentaux ont joué un rôle décisif dans cette répartition des tâches défavorable à l'ONU, allant jusqu'à s'attribuer la Présidence de la Banque et la Direction générale du FMI pendant près de 70 ans.

Succès d'une certaine pression sociale ? Les IFI, qui participent au Conseil des chefs de secrétariat des organismes des Nations unies pour la coordination, s'efforcent d'huiler leurs relations avec le système des Nations unies. Le président de la Banque mondiale est venu à l'Assemblée générale en mai 2017 pour discuter du financement des Objectifs de développement durable (ODD). De fait, les représentants des IFI ne ménagent pas leurs efforts pour montrer leur bonne volonté, mais toujours dans le cadre de l'économie libérale et selon les règles du libre-échange.

La Banque est ainsi devenue le premier bailleur de fonds en matière d'éducation en lieu et place de l'Unesco qui a pourtant explicitement reçu cette mission lors de sa création. Président de cette institution de 1968 à 1981, Robert MacNamara avait pris conscience de la dimension éducative du développement et amorcé cette évolution. Mais, fascinée par le modèle sud-coréen, la Banque livra une lecture purement économique de l'éducation, conçue comme un outil pour le développement du marché du travail. Cette vision se révéla particulièrement réductrice par rapport à celle de la Déclaration universelle des droits de l'homme de 1948 qui énonce que « l'éducation doit viser au plein épanouissement de la personnalité humaine et au renforcement du respect des droits de l'homme et des libertés fondamentales. Elle doit favoriser la compréhension, la tolérance et l'amitié entre toutes les nations et tous les groupes raciaux ou religieux, ainsi que le développement des activités des Nations unies pour le maintien de la paix. » (article 26).

L'impérialisme des institutions financières internationales a été combattu dans les années 1980 par l'Unicef qui réclamait une « sanctuarisation » du social et de l'éducation. C'est ainsi qu'a été élaborée la notion « d'ajustement à visage humain ». Cependant, au-delà des concessions sur les mots, les IFI tirent toujours habilement leur épingle du jeu, soutenues par les grandes puissances. Notons que, dans le cadre de la réforme des Nations unies, il a été question de faire du PNUD (Programme des Nations unies pour le développement) une sorte d'agence chapeau en matière de développement. Mais cette ambition s'est limitée à « établir des contacts avec les autres agences et programmes de l'ONU (FAO, OIT, ONUSIDA, CNUCED, UNESCO, ONU-HABITAT, HCR, ONU-FEMMES, etc.).

Pour les pays riches, les IFI constituent toujours un sanctuaire qui leur permet de préserver leurs intérêts sans avoir à se justifier comme le leur imposerait l'ONU si elle avait les mains libres sur les questions économiques. Cette hypocrisie des gouvernements est particulièrement évidente en matière climatique où ils sont prêts à signer de spectaculaires accords (tel l'accord de la COP 21 à Paris en décembre 2015) tout en maintenant les cordons de la bourse bien serrés dans leurs mains et dans celles des IFI. Peter Thomson, le président de l'Assemblée générale en 2016-2017, a longuement décrit ses efforts aux auteurs de ce livre pour faire monter la Banque mondiale et le Fonds monétaire international sur le bateau de l'environnement, obtenant quelques jolis résultats. Mais que d'efforts encore à fournir pour déchirer le voile de l'hypocrisie !

Marginalisation

Depuis les années 1970, l'ONU se voit concurrencée par d'autres forums qui prennent de l'ampleur ou que l'on crée en fonction des événements. Pour les grandes questions politiques, au lieu de se tourner vers l'ONU, les États se montrent ainsi plus enclins à mobiliser les organisations régionales (Union européenne, par exemple) ou des groupes de puissances comme le G8 ou à organiser des réunions *ad hoc* comme le Forum de Paris sur la paix en novembre 2018. La Charte de San Francisco fondant l'ONU prévoit le premier cas et les traités fondateurs de l'Union européenne reconnaissent la primauté de l'organisation universelle.

À l'opposé, les « G » fonctionnent comme des directoires de fait créés de manière informelle par les grandes puissances, pourtant toutes signataires de la Charte de San Francisco. « Il s'agit surtout d'effets d'annonce, tempère l'un des anciens responsables du bureau d'information régional de l'ONU en Europe, Jean-Pierre Bugada. Ces réunions n'ont pas forcément de conséquences concrètes. L'ONU reste l'outil principal de la communauté internationale. »

Cependant, depuis le premier « G » en 1975 destiné à coordonner la réponse des pays industrialisés au premier choc pétrolier, les « G » n'ont cessé de s'élargir (20 pays en 2018) et d'étendre leur périmètre d'intervention : économie et finance, défense et sécurité, climat, migrations, aide au développement… Aucun sujet n'est potentiellement exclu. Si les « G » ne prennent effectivement pas de décisions normatives, leur influence est telle que le contenu de leurs discussions se traduit toujours concrètement. Dominés par les pays occidentaux, ils permettent à ceux-ci de faire entendre une petite musique qui leur est propre et finit par faire marcher en cadence une bonne partie de la planète. Ils permettent à leurs membres de s'affranchir des procédures onusiennes pour édicter des règles sans la moindre légitimité. Il arrive même que les « G » jouent un rôle ouvertement diplomatique. Par exemple, en 1999, la sortie de la guerre du Kosovo a été négociée par les ministres des affaires étrangères du G8 qui l'ont ensuite portée devant le Conseil de sécurité. En 2018, certains envisagent de faire du G20 une instance multilatérale de substitution face au blocage du Conseil de sécurité sur des dossiers clés comme la Syrie.

Les « G » traduisent à la fois la réalité d'une ONU perçue comme un « machin » peu maniable et l'arrogance de certains États. Les Occidentaux se laissent aller ici à une certaine schizophrénie, protestant de leur attachement à l'ONU tout en se précipitant dans les forums concurrents.

On peut toutefois remarquer que, dans le contexte d'une géopolitique de plus en plus conflictuelle, les « G » semblent perdre, eux aussi, un peu de leur attrait. Au sommet du G7 de Charlevoix (Québec) en juin 2018, Donald Trump a assumé un conflit avec ses partenaires en dénonçant *in extremis* le communiqué final. Aux présidents américain et français qui l'invitaient à rejoindre le groupe dont elle a été exclue en 2014 après l'invasion de la Crimée, le chef de l'État russe a répondu que son pays n'avait, selon lui, jamais quitté le G8. Montrant beaucoup de circonspection, Vladimir Poutine a surtout vanté les mérites de l'Organisation de coopération de Shanghai. Le président français Emmanuel Macron souhaite relancer le G7 en 2019.

On retrouve une logique semblable de contournement de l'ONU dans le Forum économique de Davos auquel participe désormais la Chine, championne du libre-échange, disputant aux États-Unis le rôle de première puissance économique de la planète !

Se faisant l'avocate du multilatéralisme face à l'unilatéralisme américain, la France organise le Forum de Paris sur la paix à la date symbolique du 11 novembre 2018, anniversaire de la fin de la Première Guerre mondiale. Parrainée par Sciences Po, la Fondation Körber, la Fondation Mo Ibrahim, l'Institut français des relations internationales (IRIS), l'Institut Montaigne et la République française, représentée par le Quai d'Orsay, l'initiative vise à favoriser la « gouvernance mondiale » sur cinq thèmes : paix, développement, environnement, nouvelles technologies et « économie inclusive ». La rencontre, destinée à être renouvelée tous les ans, contribue opportunément à promouvoir les valeurs de la coopération internationale. Mais comment comprendre que la diplomatie française ne se soit pas tournée vers l'ONU, instance pourtant toute désignée pour tenir ce type de discussion ? Pourquoi créer un forum ad hoc qui ambitionne rien moins que de devenir le « Davos du multilatéralisme » ? La France ne se substitue-t-elle pas ainsi à l'ONU qu'elle prétend défendre ? On note d'ailleurs que l'ONU ne figure pas parmi les fondateurs du Forum, mais y est seulement associée.

Dévitalisation

Un phénomène paradoxal se développe depuis une vingtaine d'années : l'ONU semble se faire concurrence à elle-même en créant des agences ou des fonds dans des secteurs d'activité où elle est déjà présente. L'Organisation des Nations unies pour l'agriculture et l'alimentation (FAO), créée en 1946, a ainsi vu naître le Programme alimentaire mondial (PAM) en 1961, destiné à assurer les secours d'urgence en cas de crise. Il fait partie du système des Nations unies et est entièrement financé par des contributions volontaires des États. Son Directeur exécutif est nommé conjointement par le secrétaire général des Nations unies et le Directeur Général de la FAO pour un mandat de cinq ans. Pourquoi ne pas avoir confié cette mission d'assistance alimentaire à la FAO elle-même ? En matière agricole, il existe également le Fonds international pour le développement agricole (FIDA) dont le but est de lutter contre la pauvreté et la faim en milieu rural en soutenant notamment l'agriculture familiale et les petites exploitations. Il s'agit à la fois d'une organisation spécialisée des Nations unies et d'une institution financière internationale créée à la suite de la Conférence mondiale sur l'alimentation de 1974. Elle est issue d'un partenariat original et fondateur entre les bailleurs traditionnels, les pays de l'Organisation des pays exportateurs de pétrole (OPEP) et les pays en développement. Là encore, pourquoi marginaliser la FAO ? Le PAM et le FIDA sont présentés comme des « structures opérationnelles ». On voit mal cependant en quoi la FAO ne pourrait pas assurer, moyennant quelques adaptations, de telles missions opérationnelles ? De fil en aiguille, le périmètre d'action de la FAO se rétrécit.

Le même phénomène d'autoconcurrence s'observe en matière de santé. L'Organisation mondiale de la santé (OMS) n'a ainsi pas été jugée capable d'affronter la pandémie de Sida. C'est pourquoi, sous l'impulsion du secrétaire général Kofi Annan, a été créé l'Onusida en 1996 dont le but est de coordonner la lutte contre la maladie et le soutien aux malades. Il supervise l'action du HCR, de l'Unicef, du PAM, du PNUD, du FNUAP, de l'OICS, de l'OIT, de l'Unesco, de l'OMS et de la Banque mondiale. En outre, l'Onusida ne remplit pas de missions de terrain : il produit simplement de la communication. La nécessité d'une coordination et d'information ne fait aucun doute mais pourquoi l'OMS a-t-elle été disqualifiée pour remplir une telle mission ? Le secteur de la santé est également investi par des personnes privées telle la Fondation Bill et Melinda Gates – dont le budget est supérieur à celui de l'OMS – qui alloue beaucoup de fonds à des missions sanitaires et médicales. Comme le souligne la politiste Auriane Guilbaud, « les fondations privées agissent comme des intermédiaires qui, grâce à leurs ressources financières – en particulier leur capacité à effectuer des investissements risqués car elles n'ont pas de comptes publics à rendre – et à leur expertise technique, facilitent l'engagement des entreprises dans le système sanitaire international. [...] La fondation Gates est devenue un acteur incontournable du champ sanitaire, principalement en raison de sa capacité de financement. Elle est présente dans 75 % des partenariats public-privé sanitaires internationaux analysés (treize sur dix-sept), au minimum en fournissant un financement, et en siégeant au conseil d'administration du partenariat dans 70 % des cas. Obtenir un financement de la fondation Gates est désormais perçu comme un gage de sérieux, un adoubement qui permet d'obtenir de nouveaux financements mais aussi l'engagement des entreprises peu enclines à investir dans le volet financier[1]. »

L'empire Gates désosse progressivement l'OMS en recrutant en son sein et en assurant des missions de terrain que l'agence ne remplit pas. Concrètement, par exemple, c'est

1 Auriane Guilbaud, *Business partners. Firmes privées et gouvernance mondiale de la santé*, Presses de Science Po, Paris, 2015.

la fondation Gates qui vaccine en Afrique, pas l'OMS. Cette évolution illustre parfaitement la mécanique d'automutilation de l'ONU alimentée par la passivité des États membres. Si l'Unesco n'effectue en pratique aucune action éducative (voir plus haut), c'est la conséquence de son inertie mais aussi de l'apathie des gouvernements qui pourraient prendre l'initiative d'une réforme. Il est en effet toujours possible au Conseil d'administration d'une agence de modifier son mandat.

Une même logique préside à cette démultiplication : les structures historiques – conçues à l'origine pour remplir des missions normatives et de conseil – sont jugées inadaptées à la réalisation de missions opérationnelles ; au lieu de les réformer afin qu'elles le deviennent, on crée de nouvelles structures ; ce faisant, on replie les structures historiques sur leurs missions normatives ; mais au bout du compte, par leur emprise sur l'action de terrain, les structures opérationnelles finissent par s'immiscer dans la sphère normative, dévitalisant encore un peu plus les structures de terrain. « Il existe une sorte de consensus mou entre les organisations et les États pour ne rien changer, nous explique Claire Brisset, journaliste et ancienne fonctionnaire de l'Unicef. On fait preuve de fatalisme comme si les dysfonctionnements relevaient d'un simple problème météorologique contre lequel on ne peut rien. » Au total, l'organigramme du système des Nations unies s'étend, se complexifie et se ramifie. L'objectif affiché d'efficacité et de coordination peut-il vraiment être rempli dans ce cadre ? En outre, la démultiplication a un coût : création de structures, rémunération d'agents, etc.

Une sorte de répartition des tâches semble se dessiner à l'échelle mondiale. Les États sollicitent les agences techniques de l'ONU pour clarifier des enjeux ou bien effectuer des actions de terrain (développement, coopération scientifique...). Plusieurs pays du Sahel ont ainsi demandé à l'ONUDC (Office des Nations unies contre la drogue et le crime) de mettre au point un manuel pratique de lutte contre le terrorisme ; d'autres réclament une assistance technique dans la lutte contre la corruption. Même en matière de sécurité, où l'ONU – au travers du Conseil de sécurité – est installée sur le devant de la scène, les cinq pays détenteurs du droit de veto donnent le « la » et la mise en œuvre des décisions est souvent confiée à l'Alliance atlantique (OTAN), comme en Libye au printemps 2011.

Si la suprématie de l'ONU sur le kaléidoscope international semble progressivement grignotée, c'est aussi parce que ses textes fondateurs, imprégnés d'une philosophie humaniste, contredisent souvent l'ordre économique mondialisé. L'Organisation est potentiellement porteuse d'une vision moins utilitariste des rapports mondiaux que celle défendue par les institutions de Bretton Woods. Outre la Déclaration universelle des droits de l'homme de 1948 qui chapeaute l'ONU, la Charte de San Francisco commence par ces mots – « Nous, peuples des Nations unies, donnons mandat à nos gouvernements » – qui cadrent mal avec les diktats du FMI ou du directoire franco-allemand de l'euro-zone. Face à l'explosion des inégalités dans le monde d'aujourd'hui, le statut des questions économiques et sociales sur la scène internationale constitue l'un des enjeux de la crédibilité de l'ONU.

Derrière la litanie des scandales

L'histoire récente de l'ONU est marquée par une série de scandales dont se délectent parfois des journalistes et commentateurs en mal d'imagination. Ils dénoncent à bon compte les fautes de l'organisation sans chercher à dévoiler la chaîne réelle des responsabilités, participant ainsi à la discréditer. L'ONU fait ainsi figure de cible d'autant plus idéale qu'elle ne se défend guère et que ceux qui devraient assumer leur part du fardeau disposent, quant à eux, de tous les moyens pour diminuer le rôle véritable qu'ils ont joué dans les scandales en question. Il ne s'agit pas, répétons-le, de nier les défauts et les erreurs de l'ONU mais de rétablir l'équilibre dans les responsabilités des uns et des autres, notamment celles des États sur lesquels repose, *in fine*, l'organisation mondiale. Celle-ci demeure en effet une instance intergouvernementale, c'est donc au bout du compte aux gouvernements qu'il paraît justifié et opportun de demander également des comptes. Prenons quelques exemples.

Au-delà de la bureaucratie

La machinerie kafkaïenne de l'organisation mondiale ne relève malheureusement pas de la légende. Elle frise même parfois le comique de situation. Les agents de sécurité du centre des Nations unies à Genève n'ont-ils pas contraint l'ancien secrétaire général Javier Pérez de Cuellar, qu'ils n'avaient pas reconnu, à faire la queue aux contrôles, à retirer sa veste et vider ses poches, un jour de novembre 2006. Avoir rendez-vous au cabinet du secrétaire général ou être invité par le Président de l'Assemblée générale ne vous dispense pas de la paperasserie et surtout, si vous êtes un visiteur occasionnel sans badge venu par exemple rencontrer le secrétaire général en fonction, de faire la queue derrière un car de touristes ! Et tout cela n'est pas forcément efficace : un célèbre intellectuel américain, qui ne pouvait pas *in extremis* honorer un engagement à s'exprimer devant un comité de l'ONU, a pu aisément envoyer un étudiant à sa place sans que personne ne remarque la substitution ! Malheureusement, les conséquences de ces « couacs » administratifs peuvent se révéler dramatiques comme dans le cas du Rwanda.

Si toute organisation a tendance à générer de la bureaucratie, la situation de l'ONU est aggravée par son caractère international et la nécessité de faire droit aux 193 États membres qui ont tous, légitimement et de par les statuts, des fonctionnaires à placer. Cette contrainte peut être nuancée en fonction des lieux. Ainsi, placer le siège de l'organisation à Vienne, ville plus petite et plus isolée des tumultes du monde que New York, permettrait, selon des observateurs, un recrutement plus serein et plus avisé. Les candidats pullulent aux États-Unis, ils sont moins nombreux en Autriche. Sourcilleux quant au respect des quotas de fonctionnaires qui sont les leurs, les gouvernements ne facilitent pas toujours la tâche de l'ONU.

Certaines agences de l'ONU souffrent de coupes budgétaires aussi brutales que drastiques qui dégradent ses conditions d'action. Des cadres avouent financer eux-mêmes leurs déplacements à New York… Les contrats à durée déterminée sont devenus la règle pour le personnel international, souvent ultra qualifié. Une forme de précarité se développe avec des agents recrutés dans une zone grise où ils ne bénéficient pas du droit social du pays d'accueil (parfois très favorable comme en France) ni de conventions collectives les protégeant. Au fil du temps, l'ONU est devenue une grosse machine bureaucratique, qui œuvre au quotidien mais qui ne parvient pas à s'inscrire dans les grands débats de société.

La paperasserie est aussi le produit de l'impérieuse nécessité de rendre des comptes aux gouvernements en exigeant des justificatifs et autres formulaires. Le secrétaire général Ban Ki-Moon avait lancé une réforme administrative destinée à améliorer le fonctionnement du Secrétariat. L'initiative était sans doute bonne mais elle fut réalisée avec une certaine brutalité par le renouvellement massif du personnel. Comme nous le résume le professeur et ancien secrétaire général adjoint Franz Baumann, Ban Ki-Moon « a limogé tout le 38e étage » (celui du Secrétariat au siège de New York). Le 31 mai 2018, face à la Cinquième commission de l'Assemblée générale, Antonio Guterres a proposé de lutter contre la « lourdeur » administrative en clarifiant les tâches et en améliorant les délégations internes au Secrétariat général.

Il est parfois de bon ton de critiquer les fonctionnaires qui travailleraient dans des conditions luxueuses en termes de rémunérations et de temps de travail. Là encore, la nuance est de mise. La fonction publique internationale est également porteuse des valeurs du service public, de l'intérêt général, et, dans le cas de l'ONU, des valeurs de la Charte et de la Déclaration universelle des droits de l'homme de 1948. En revanche, les évolutions récentes semblent malheureusement avoir fait perdre une partie de cette culture à l'organisation mondiale. Des réformes administratives mal pensées ainsi que le renouvellement des générations ont conduit au recrutement d'agents qui passent d'une organisation à l'autre et pour lesquels l'ONU n'est qu'un point de passage. L'ambiance se révèle alors plus prosaïque qu'héroïque.

En 2008, l'un des auteurs de ce livre, Romuald Sciora, qui préparait alors son sixième documentaire et son deuxième livre sur l'ONU, rencontra l'une des porte-paroles de l'un des trois ou quatre principaux personnages des Nations unies. Alors qu'ils se connaissent à peine, celle-ci lui confia de but en blanc qu'elle n'avait toujours pas compris le rôle exact du programme qu'elle était censée représenter depuis près de deux ans. La jeune fonctionnaire expliqua le plus simplement du monde qu'elle avait accepté ce poste parce que c'était la seule possibilité d'obtenir un travail bien rémunéré, avec tous les privilèges du fonctionnaire international et le même nombre de semaines de congé payés que pour un salarié français. Rien de moralement répréhensible ou de malhonnête ici. Mais tellement représentatif de la mentalité de nombreux employés onusiens ! L'ONU regorge de personnes y travaillant soit pour un salaire nettement supérieur à celui en vigueur dans leur pays, soit pour une qualité de vie bien plus agréable à New York ou à Genève. Sans oublier les « touristes », c'est-à-dire ceux qui viennent passer à l'ONU un an ou deux pour l'inscrire sur leur CV. De quoi décourager les fonctionnaires consciencieux et sincèrement dévoués à l'institution heureusement encore présents en nombre dans les couloirs de la Maison de Verre.

Cette évolution culturelle n'est sans doute pas séparable de la tonalité générale des discussions internationales, y compris au niveau politique, où dominent de plus en plus les logiques froides d'intérêts. Les grandes puissances ne donnent là encore pas forcément le bon exemple, au premier rang desquelles la Russie de Vladimir Poutine et les États-Unis de Donald Trump.

Quelle responsabilité dans le génocide des Tutsis du Rwanda ?

Le génocide des Tutsis du Rwanda en 1994 figure parmi les grands exemples de l'impuissance de l'ONU à empêcher les crimes contre l'humanité. Le témoignage du général canadien Roméo Dallaire[1], commandant la Mission des

1 Roméo Dallaire, *J'ai serré la main du diable*, Libre expression, 2003.

Nations unies pour l'assistance au Rwanda (MINUAR), se révèle glaçant, en particulier lorsqu'il raconte comment il a dû abandonner les populations, tout en sachant le sort funeste qui les attendait. On se souvient surtout du fameux télégramme d'alerte que l'officier envoya à New York sans jamais obtenir de réponse. Les dirigeants de l'ONU tentèrent de se justifier d'une manière qui, en réalité, les enfoncèrent : « Vous savez, on reçoit tellement de télégrammes qu'il est difficile de faire le tri ! » Peut-on trouver meilleure définition de la bureaucratie ?

La responsabilité de l'organisation était indéniable. Pour autant, qui détermine les actions de l'ONU en matière de paix et de sécurité, si ce n'est les gouvernements ? C'est bien le Conseil de sécurité qui accueillit, sous l'œil patelin de la France, le gouvernement génocidaire rwandais à sa table. Ce sont les États-Unis qui, traumatisés par le fiasco de l'expédition en Somalie en 1992, freinèrent des quatre fers tout engagement sérieux de l'ONU au Rwanda et qui s'appliquèrent à limiter le mandat de la force d'interposition. « Ce sont encore les Américains, alliés aux Britanniques, qui s'opposèrent avec constance au renforcement des effectifs de la MINUAR, comme si la seule urgence était de ne rien faire, explique la journaliste belge Colette Breackman. La Secrétaire d'État américaine Madeleine Albright veilla d'ailleurs à interdire l'usage du terme « génocide » car il entraînait une obligation d'intervention et, fin avril, Boutros Boutros-Ghali parlait encore de "guerre civile". Le 21 avril, la résolution 912 du Conseil de sécurité opta pour une réduction de la force de l'ONU au Rwanda, qui allait compter moins de 500 Casques bleus. Ces derniers étaient dépourvus de nourriture, de munitions, de véhicules et même d'eau potable, impuissants à secourir les civils, qui réclamaient protection ou assistance, même s'ils menèrent avec courage et succès de nombreuses opérations d'évacuation[1]. »

De son côté, la France, dont le président François Mitterrand était proche du président rwandais Juvénal Habyarimana, se targua d'« assumer ses responsabilités » en matière de défense des droits de l'homme en prenant l'initiative de l'opération Turquoise, utile certes, mais qui fut aussi l'occasion de sauver la mise de quelques criminels en fuite. La contradiction des chaînes de décision au sein de l'État est certainement la cause de cette dualité de l'intervention française[2].

Dans le cas du Rwanda comme dans d'autres, lorsqu'on met en cause l'ONU, qui accuse-t-on vraiment ?

Un programme désastreux : « pétrole contre nourriture »

Après la première guerre du Golfe en 1990, l'Irak se retrouve affaiblie et démunie, placée sous un embargo dont les effets se font durement ressentir sur les populations. Afin de soulager ces dernières, en 1995, les Nations unies décident de mettre en place un programme intitulé « pétrole contre nourriture » qui permet à Bagdad d'exporter du pétrole pour acheter des vivres et des médicaments. L'opération est pilotée par l'ONU elle-même : l'exportation du pétrole, l'utilisation des revenus et la distribution des vivres et des médicaments sont placées sous sa supervision et toutes les opérations sont effectuées sur un compte séquestre à la BNP, à New York. Saddam Hussein en profite pour mettre en place un gigantesque système de corruption en demandant aux clients et aux

---

1 Sur ce sujet, lire Colette Braeckman, « Rwanda. Retour sur un aveuglement international », *Le Monde diplomatique*, mars 2004.

2 Lire Pierre Conesa, entretien au *Monde*, 16 mars 2018.

fournisseurs de lui verser une sorte de commission. Le président irakien organise en outre un lobbying en sa faveur en rétribuant des intermédiaires : personnalités politiques et fonctionnaires internationaux. Le scandale, qui éclate en janvier 2004, éclabousse jusqu'au secrétaire général Kofi Annan dont le fils est, un temps, soupçonné. Le 3 janvier 2005, la commission d'enquête diligentée par Annan, met en cause le responsable du programme, Benon Sevan, coupable d'après elle d'un « conflit d'intérêt sérieux et persistant ». On reproche notamment à Sevan d'avoir demandé aux Irakiens des droits d'achat de barils de pétrole pour le compte d'une petite société installée en Suisse, l'Africa Middle East Petroleum (AMEP), et d'en avoir reçu des contreparties financières.

Le programme « pétrole contre nourriture » est, à juste titre, devenu le symbole de la corruption dans les instances internationales. Cependant, il faut là encore rétablir les faits et la chaîne des responsabilités. Tout d'abord, le programme faisait l'objet d'une supervision par le Comité des sanctions du Conseil de sécurité. Or, il est avéré que des fonctionnaires de l'ONU ont à plusieurs reprises, mais en vain, tenté d'attirer l'attention de ce comité sur les anomalies repérées dans la fixation des prix des importations comme des exportations. De telles anomalies indiquaient de possibles surfacturations et autres pots-de-vin. Par ailleurs, si la mise en cause de Sevan salit directement l'ONU, rappelons que les accusations portées contre Kofi Annan lui-même relèvent d'une pure campagne de dénigrement et qu'en revanche vingt personnalités politiques et du monde économiques ont été impliquées au plus haut niveau (anciens ministres, dirigeants de société, etc.). Concernant les surfacturations pétrolières, ce sont même les agents de l'ONU et Annan lui-même qui lancèrent l'alerte en 2001 dans un rapport rendu public sans obtenir de réaction du Comité des sanctions. Toujours en 2001, les agents de l'ONU ont répondu aux soupçons de corruption en renforçant les procédures de contrôle sur les contrats passés avec l'Irak. Ils ont même transmis certains d'entre eux au Conseil de sécurité pour observation. Des centaines de contrats étaient concernés. En outre, il existait un mécanisme de contrôle permettant à n'importe quel membre du Comité des sanctions de faire procéder à la vérification des containers envoyés en Irak, par exemple pour s'assurer de la qualité des médicaments. Les États-Unis y ont eu recours à plusieurs reprises. Tous les membres du Comité avaient par ailleurs accès à une base de données contenant tous les rapports de vérifications produits à l'occasion de tels contrôles.

« Une fois encore, note *Le Monde diplomatique*, les médias ont fait l'impasse sur l'essentiel. D'un côté le soutien total au régime irakien des partis de droite comme du parti socialiste, dans les années 1980, à l'époque où "notre ami Saddam" était le défenseur du monde libre contre la révolution islamique iranienne. D'autre part, le véritable scandale de « pétrole contre nourriture », fut l'embargo de plus de dix ans infligé à l'Irak, qui réduisit le pays à la misère et à la faim, qui détruisit ses structures sociales et enfin qui affaiblit son État, qui devait s'effondrer sous les coups de l'intervention américaine du printemps 2003. L'Irak n'a pas fini de payer le prix de cet embargo inhumain, pour lequel personne n'a été jugé. »

Impuissance et crimes commis par les Casques bleus : la faillite du politique

En 1948, la création empirique des Soldats de la Paix, alors dépêchés en Palestine, avait suscité de grands espoirs : pour la première fois, une organisation mondiale se dotait d'un outil militaire. En 1988, ils reçurent même le prix Nobel de la paix. Aujourd'hui, le désenchantement s'est installé et les critiques, souvent justifiées, pleuvent sur les Casques bleus. Leur impuissance et leur passivité lors du génocide des Tutsis du Rwanda en 1994 et le massacre de Srebrenica (Bosnie Herzegovine) en 1995 les ont d'autant plus discrédités que certains des crimes en question ont été perpétrés directement sous leurs yeux. Plus récemment, les « soldats de l'ONU » ont été accusés d'abus sexuels, notamment en Centrafrique, et d'avoir introduit le choléra en Haïti (venue du Népal, une partie du contingent transportait en effet la bactérie qui a tué 16 000 personnes sur l'île à partir de 2010 et infecté 800 000 individus). En février 2018, des experts mandatés par le Secrétariat général ont rendu un rapport soulignant les dysfonctionnements de la Mission multidimensionnelle intégrée des Nations unies pour la stabilisation en Centrafrique (MINUSCA), notamment les lacunes concernant la protection des populations civiles. Mi-avril 2018, les soldats de la MINUSCA ont même été accusés d'avoir tiré à balles réelles sur des manifestants désarmés, provoquant la mort de plusieurs personnes et faisant près de 150 blessés.

Sur le plan politique, les Casques bleus se trouvent de plus en plus souvent incapables de remplir leur mission de maintien de la paix comme c'est le cas au Mali où la Mission multidimensionnelle intégrée des Nations unies pour la stabilisation au Mali (MINUSMA), isolée et dépourvue de vrais moyens, ne fait que compter les victimes des attentats et prendre elle-même des coups (près de 150 Casques bleus assassinés). « Face à la violence asymétrique, les missions de maintien de la paix éprouvent des difficultés, au point qu'elles sont parfois contraintes de consacrer leurs moyens à leur propre sécurité », constate le président de la Commission de l'Union africaine, Moussa Faki Mahamat, qui déplore « l'impuissance de la puissance » (Forum annuel sur la paix et la sécurité en Afrique de Dakar, novembre 2017). En 2018, 118 000 personnels civils et militaires participent à 15 opérations de maintien de la paix, dont 8 en Afrique.

Là encore, remontons la chaîne des responsabilités. Se démarquant de la SDN, la Charte de San Francisco prévoit (article 43) que les États membres « s'engagent à mettre à la disposition du Conseil de sécurité, sur son invitation et conformément à un accord spécial ou à des accords spéciaux, les forces armées, l'assistance et les facilités, y compris le droit de passage, nécessaires au maintien de la paix et de la sécurité internationales. » L'article 47 stipule qu'un comité d'État-major assistera le Conseil de sécurité dans l'élaboration de ses décisions et dans la supervision des opérations. Pour des raisons évidentes de divergence d'intérêts et par refus de mettre à disposition de l'ONU des forces militaires permanentes, le comité d'État-major n'a jamais fonctionné, obligeant l'organisation à chercher des palliatifs. Les Casques bleus s'organisent donc, au cas par cas. En pratique, un gouvernement qui « prête » un soldat à l'ONU, touche de cette dernière environ 1000 dollars mensuels. Somme ridicule pour les gouvernements occidentaux qui n'ont de toute manière pas envie de se mettre l'opinion à dos avec la mort de soldats dans des opérations lointaines et inconnues du grand public. Par contre, pour des États pauvres et parfois corrompus payant leurs soldats 300 dollars par mois, 1000 dollars représentent un important bénéfice. D'où le nombre de Casques bleus issus d'armées à peine professionnelles. Non formés, ils réagissent plus comme des miliciens que comme des soldats. Les États les plus récalcitrants doivent être rappelés à leurs responsabilités quant à la fourniture des moyens car, en pratique, les opérations de maintien de la paix sont souvent assumées par des contingents issus de pays pauvres. Le budget des opérations de maintien de la paix (OMP) ne représente que 0,5 % des dépenses militaires mondiales.

Les Casques bleus répondent également à une double logique de commandement : ils sont placés sous l'autorité du secrétaire général (et de son représentant sur place) mais répondent en pratique sur le terrain aux ordres des gouvernements qui ont fourni les troupes. Avec parfois des conséquences pratiques néfastes : au Soudan du Sud, en janvier 2012, la Russie a prétexté un trop grand risque pour ses soldats pour refuser d'envoyer les hélicoptères qui auraient permis d'éviter un massacre. De même, le capitaine français Guillaume Ancel relate la procrastination volontaire des autoritaires françaises, pilotant la Force de protection des Nations unies (FORPRONU), lors du siège de Sarajevo en 1995, celles-ci reportant sans cesse les bombardements afin, selon lui, de protéger leurs « alliés serbes[1] ». Les P5 n'assument pas toujours leur responsabilité en la matière : si la France et la Chine soutiennent l'effort de l'ONU, les États-Unis refusent depuis toujours d'envoyer des troupes et ont annoncé, en mars 2018, la diminution de 25 % de leur contribution financière aux Casques bleus.

Dans le cas du Rwanda, on a vu comment les gouvernements pouvaient couper les ailes des missions en restreignant leur mandat. À l'inverse, on assiste parfois à l'élaboration laborieuse de mandats fourre-tout (maintien de la paix, surveillance électorale, assistance

1 Guillaume Ancel, *Vent glacial sur Sarajevo*, Les Belles Lettres, Paris, 2018.

humanitaire, etc.) impossibles à mettre en œuvre. Comme nous l'explique le professeur allemand Franz Baumann, ancien secrétaire général adjoint de l'ONU, « En voulant par ailleurs concentrer l'information, le secrétaire général contribue parfois à rendre encore plus complexe la gestion des missions sur le terrain. » Si le manque de moyens se révèle criant dans un monde de plus en plus instable et marqué par des mouvements terroristes insaisissables, la définition des missions et la cohérence de leur organisation demeure un problème politique fondamental. Il est du ressort du Conseil de sécurité et de la responsabilité du secrétaire général de susciter des dynamiques de coopération entre les gouvernements. La réserve de Ban Ki-Moon (2002-2016) lui fut ainsi beaucoup reprochée.

Notons cependant que l'ONU ne demeure pas passive face à ces problèmes. En 2000, le rapport de Lakhdar Brahimi préconise des mandats plus clairs, une meilleure adéquation entre les moyens déployés – très standardisés – et le terrain concerné, ainsi qu'une coordination plus étroite entre le siège de l'ONU à New York et les forces déployées, pour plus d'efficacité[1]. En 2015, c'est le rapport, connu sous l'acronyme anglais « Hippo » (High-Level Independent Panel on Peace Operations) qui estime que c'est « la crédibilité, la légitimité et le bien-fondé de l'ONU dans les années à venir[2] » qui est en jeu.

Ensuite, la dimension politique ne doit pas être oubliée, comme le souligne le rapport Hippo en appelant à mettre

---

1 « Rapport du groupe d'étude sur les opérations de paix de l'ONU » (PDF), doc. A/55/305-S/2000/809, ONU, New York, 21 août 2000.

2 « Unissons nos forces pour la paix : privilégions la politique, les partenariats et l'action en faveur des populations », rapport du groupe indépendant de haut niveau chargé d'étudier les opérations de paix des Nations unies, doc. A/70/95-S/2015/446, ONU, 17 juin 2015.

l'accent sur la prévention et le règlement politique des conflits. Dans certains cas, comme au Sahel, le Conseil de sécurité crée des OMP dans des pays où il n'y a pas de paix à maintenir. « C'est encore la politique qui doit déterminer la conception et l'exécution des opérations de paix, explique le professeur Sandra Szurek, Autrement dit, l'OMP ne doit pas être un palliatif à l'absence d'accord ou, du moins, de volonté de paix[1] ». Cette analyse nous est confirmée par l'ancien Représentant permanent de la France à l'ONU Jean-Marc de la Sablière qui souligne que « si plusieurs OMP sont actuellement décevantes en Afrique, cela peut s'expliquer par l'absence ou la non-application d'accords politiques (par exemple, pour le Mali) ou par l'absence de leadership politique pour mener l'OMP. Ces deux insuffisances peuvent même se conjuguer, comme au Soudan du Sud. »

Les conflits se comprennent et se résolvent de manière globale par la réflexion. De nos jours, la faiblesse de la pensée sur la paix et de l'ingénierie diplomatique empêche de penser les réformes nécessaires. « L'ONU n'est pas une machine de guerre, rappelle Thérèse Gastaut qui fut directrice de la communication stratégique du secrétariat général au début des années 2000, l'organisation n'a pratiquement pas de moyens propres mais, quand il y a accord des cinq membres permanents, le Conseil de sécurité peut agir, selon les circonstances, en autorisant une intervention militaire lourde menée avec promptitude mais qui peut aussi être entachée de faiblesses. » Les scandales et les échecs qui jalonnent le fonctionnement de la MINUSCA résument les impasses de missions mal conçues et *in fine* débordées qui deviennent elles-mêmes des facteurs de

1 Sur ce sujet, lire Sandra Szurek, « Pluie de critiques sur les Casques bleus », *Le Monde diplomatique*, janvier 2017.

trouble et de tensions meurtrières[1]. La MINUSMA est, pour sa part, devenue la plus meurtrière des OMP pour les Casques bleus eux-mêmes. Elle synthétise l'aporie des processus actuels : outre la question de la composition de la force onusienne, elle intervient sur un immense territoire où l'État n'a plus aucune autorité. Gangréné par le clientélisme, pauvre et sans moyens, il ne parvient ni à assurer la sécurité de base (gendarmerie, justice, prison) ni à procurer des emplois et une vie minimale décente à ses populations. Dans un terreau aussi favorable à la déstabilisation, aux trafics en tout genre et au crime, que peut faire la Minusma ? « On ne peut maintenir la paix là où elle n'existe plus, là où il faut la rétablir » fait valoir, au Forum sur la sécurité de Dakar en novembre 2017, le président sénégalais Macky Sall, dont le pays fournit le plus gros contingent de la MINUSMA (1 500 militaires et gendarmes sur 12000). Le Mali concentre toutes les problématiques sécuritaires auxquelles sont confrontées les OMP. « Notre mission est multidimensionnelle : au Mali, il faut aider à reconstruire la justice, défendre les droits de l'Homme et les principes démocratiques, mettre en œuvre l'accord de paix de 2015, dont l'application tarde encore », explique le chef de la MINUSMA, Mahamat Saleh Annadif. « Le terrorisme nous empêche de faire notre travail, c'est sur ce point qu'il faut trouver une solution[2]. »

Ce tableau problématique ne doit pas faire oublier que les Casques bleus ont remporté quelques succès : administration du Timor oriental et de la Namibie, interposition en Côte d'Ivoire et au Soudan du Sud. Environ 3 300 Casques bleus venus de 120 pays ont perdu la vie

2 Sur ce sujet, lire Juan Branco, « Déroute des Nations unies en Centrafrique », *Le Monde diplomatique*, septembre 2018.

1 *AFP*, 5 novembre 2017.

au cours d'une OMP depuis 1948. Une étude de juin 2018 du Peace Research Institute d'Oslo et de l'université d'Uppsala a montré que les OMP contribuent à réduire la durée des conflits et l'intensité de la violence[1].

La réforme du maintien de la paix figure parmi les priorités de Guterres. Comme nous le confie son porte-parole Stephane Dujarric, il s'agit pour le secrétaire général « d'avoir des troupes bien formées, plus adaptées. Trop souvent par le passé, celles qui ont été mises à disposition par certains États membres ne l'étaient pas, ou pas assez. On a donc assisté parfois à des exactions dont l'ONU n'était pas responsable mais qui ont fortement entaché son image auprès de l'opinion. » Fin mai 2018, s'adressant aux États membres, Guterres a clairement rappelé qu'« une opération de maintien de la paix n'est ni une armée, ni une force antiterroriste, ni une agence humanitaire, c'est un outil qui vise à créer un espace pour une solution politique nationale ».

Les dysfonctionnements de l'ONU ne sauraient être niés, mais il serait facile de se contenter de les dénoncer sans voir les logiques profondes qui les sous-tendent. Comme nous le rappelle l'ambassadeur danois Tomas Anker Christensen, « l'ADN de l'ONU est intergouvernemental ». Les responsabilités doivent être comprises dans cette perspective d'une vision et d'une ambition politiques défaillantes. Dans un article optimiste, rédigé en 1964, le fondateur du *Monde diplomatique* François Honti, écrivait très justement : « Autant l'effort accompli pour empêcher les États puissants d'imposer leur volonté aux plus faibles est orienté dans le sens du progrès et répond à l'intérêt

1 *Journal of Politics*, 21 juin 2018, www.pcr.uu.se.

général, autant apparaît comme rétrograde toute tentative pour libérer les gouvernements de leurs obligations internationales au nom de la souveraineté[1]. »

Ce qui n'exclut pas d'interroger les fonctionnaires de l'organisation, et en premier lieu le secrétaire général qui est le « visage humain de l'organisation, selon Thérèse Gastaut, qui, s'il sait incarner la voix de l'organisation et des peuples, peut avoir une influence considérable sur les affaires du monde ». On se souvient aisément de Kofi Annan parce qu'il a su mettre toute son énergie à la mise en valeur de l'ONU. Il y a fort à parier que le grand public oubliera vite Ban Ki-Moon. Au printemps 2018, les tensions en Syrie provoquèrent une réaction d'Antonio Guterres : après un début de mandat qui a parfois pu sembler discret, il appela courageusement les grandes puissances du Conseil de sécurité (les P5) à la raison, à « éviter une situation hors de contrôle ». La marge de manœuvre du « premier fonctionnaire de l'ONU » demeure toutefois étroite face aux États, notamment au « P5 » qui conserve la main sur le choix de celui qui incarne l'organisation. Mais elle est réelle. « Un secrétaire général peut tout faire, nous dit malicieusement Franz Baumann, à condition de ne pas briguer un second mandat ».

La logique des relations internationales en ce début de XXIe siècle et la crise du dialogue multilatéral poussent l'ONU vers les marges du grand livre de l'histoire mondiale. On aurait cependant tort de sous-estimer les conséquences d'un tel mouvement pour la paix mais aussi pour une certaine conception de la civilisation.

---

1 François Honti, « Casques bleus et souveraineté des États », *Le Monde diplomatique*, avril 1964.

Chapitre 5

Une organisation indispensable

« On ne parle de l'ONU que lorsque les choses vont mal ; jamais pour mettre en valeur ce qu'elle fait quotidiennement sur le terrain », déplorent, souvent désabusés, les fonctionnaires des Nations unies. Et de souligner les centaines de programmes alimentaires ou d'aide aux réfugiés sans lesquels des millions de personnes ne survivraient tout simplement pas. Ces multiples activités méritent d'être rappelées tant elles offrent un contrepoids aux reproches si fréquents d'impuissance adressés à l'ONU, notamment en matière de sécurité. Pourtant, si elle agit ainsi en conformité avec les missions conférées par la Charte de San Francisco, elle est loin d'en assumer toutes les exigences. Faut-il alors passer par pertes et profits le grand rêve de 1945 ?

« Indispensable ONU » écrit l'ambassadeur Jean-Marc de la Sablière en 2016 dans un petit livre précis et informé[1]. Loin d'être naïf, l'ancien Représentant permanent de la France à l'ONU souligne concrètement les apports de l'organisation mondiale à la stabilité ainsi que son caractère irremplaçable. L'idée qu'on puisse se passer de l'ONU ou créer un organisme équivalent paraît impensable. En effet, l'après-guerre avait suscité un choc tel que la charte constitue une prouesse intellectuelle, politique et juridique sans doute inégalable aujourd'hui. En l'état des relations internationales et compte tenu de la médiocrité des échanges politiques entre les pays, les chances de retrouver

1 Jean-Marc de la Sablière, *Indispensable ONU*, Plon, coll. « Tribune du monde », Paris, 2017.

une telle ambition pour la sécurité collective, appuyée sur des mécanismes sophistiqués, sont quasi nulles. Il importe donc de replacer l'ONU, réformée et revitalisée, au cœur du jeu mondial. Pour y parvenir, partons de l'existant et voyons les atouts comme les faiblesses de ce qui doit être amélioré ou imaginé.

Une action concrète réelle mais à améliorer

Les chiffres fournis par l'ONU elle-même donnent une idée de l'action de l'organisation : 69 missions de maintien de la paix et d'observation dans les points chauds du globe depuis 1948 ; 4 800 projets de développement en cours sous la houlette du Programme des Nations unies pour le développement (PNUD) ; 15 milliards distribués par le Fonds international de développement agricole (FIDA) depuis 1978 ; 60 millions de réfugiés pris en charge par le Haut-Commissariat des Nations unies pour les réfugiés (HCR) depuis 1951, etc. Nul ne songe à contester les apports quotidiens du système à la paix, au développement, aux droits fondamentaux[1]. Les questions se situent sur un autre plan.

Depuis la fin de la guerre froide, les Nations unies sont devenues la première puissance humanitaire de la planète. Sur tous les continents, sur tous les fronts, les agences de l'ONU ont organisé des milliers d'opérations de secours, déployé des milliers d'agents, distribué des milliers de tonnes de nourriture, construit des milliers de camps de réfugiés, etc. Le HCR, le Programme alimentaire mondial (PAM), ou l'Unicef, sont des figures familières pour des millions d'êtres humains pour lesquels elles sont souvent

1 http://www.un.org/french/un60/60ways/eco.shtml

la seule planche de salut. Des milliers de Casques bleus assurent, parfois au péril de leur vie, des missions d'assistance et d'interposition indispensables.

Pourtant, ce déploiement humanitaire de l'organisation mondiale révèle aussi sa faiblesse structurelle. « La première mission de l'ONU n'est pas de mener des opérations d'assistance ponctuelle, rappelle la juriste Sylvie Brunel, mais d'assurer la sécurité collective et le développement[1] ». La Charte de l'ONU développe en effet deux des grands objectifs attribués à l'organisation : d'une part, la paix et la sécurité, d'autre part, la coopération économique et sociale. Des chapitres leur sont spécifiquement consacrés : les 5, 6 et 7 pour le premier ; les 9 et 10 pour le second. L'hypertrophie des enjeux humanitaires peut alors être interprétée comme la conséquence de la difficulté à remplir ces missions fondamentales. Une sorte de répartition des taches s'organise ainsi entre les États et l'ONU, qui risque de cantonner l'organisation mondiale au rôle de super agence humanitaire. Or, comme on le sait, sa vocation est beaucoup plus large : être un centre où se construit et s'harmonise l'action internationale dans les domaines fondamentaux.

Une telle division des rôles n'empêche d'ailleurs pas l'ONU de se heurter à la mauvaise volonté des États. La crise des réfugiés qui a touché la Méditerranée en 2015 en fournit une illustration dramatique. Les conflits de Libye et de Syrie jettent encore sur les routes et sur la mer des milliers d'hommes, de femmes et d'enfants cherchant refuge en Europe. Depuis la fin de la Seconde Guerre mondiale, le HCR n'est plus censé intervenir dans une

---

1 Sylvie Brunel, « Les Nations unies et l'humanitaire. Un bilan mitigé », *Politique étrangère*, n° 70-2, Paris, 2005

Europe désormais reconstruite et riche. Mais tous les États européens, signataires des conventions de Genève – notamment celle sur les réfugiés de 1951 – sont supposés respecter des règles concernant l'accueil des réfugiés et des demandeurs d'asile. Il s'agit de règles humanitaires et surtout juridiques et politiques, permettant aux personnes de faire valoir leurs droits dans de bonnes conditions et de constituer leur dossier avec l'aide nécessaire. C'est loin d'être toujours le cas comme le rappelle la Fédération internationale des droits de l'homme : « L'Union européenne poursuit sa politique de fermeture, mettant l'accent sur la sécurisation des frontières avec l'aide de son agence Frontex. L'absence de voies d'accès légales et sûres pousse ceux qui tentent de gagner l'Europe à emprunter des routes toujours plus dangereuses en mettant leur vie entre les mains de passeurs peu scrupuleux. L'UE fait également de plus en plus peser la responsabilité du contrôle des personnes migrantes sur les pays de départ et de transit, comme les pays de l'Afrique du nord, où de graves violations des droits des personnes migrantes persistent[1]. »

La répartition des taches peut tourner au cynisme pur. Ainsi, en ce qui concerne le Proche-Orient, un adage est apparu : « *US fight, EU fund, UN feed* » (les États-Unis se battent, l'Union européenne finance, les Nations unies nourrissent). On remarque enfin que l'action humanitaire de l'ONU a été ouvertement entravée par des États comme la Syrie et son allié russe en 2017-2018.

1 https://www.fidh.org/fr/themes/droits-des-migrants/

Une impressionnante activité normative : quelle portée ?

Les Nations unies produisent une impressionnante activité normative sur les sujets les plus divers. En matière de désarmement, par exemple, l'Assemblée générale s'est fermement saisie du mandat que lui confie l'article 11 de la Charte : étudier les grands principes du désarmement et élaborer des résolutions et des traités. Des dizaines de conventions historiques ont ainsi été signés sous les auspices de l'ONU : traités de non-prolifération, d'interdiction des armes biologiques et chimiques, conventions sur les armes à sous-munition ou sur les mines, etc. Certains de ces textes prévoient des mécanismes et des institutions de contrôle comme l'Organisation pour l'interdiction des armes chimiques (OIAC) ou l'Agence internationale de l'énergie atomique (AIEA). Cette activité normative se révèle également exceptionnelle en matière de droits de l'homme. Si les débats dans ce secteur sont souvent parasités par des affrontements idéologiques, entre l'Union soviétique et les Occidentaux pendant la guerre froide ou entre les pays du « sud » et les Européens, de nombreuses conventions et traités sont tout de même adoptés : pacte international sur les droits économiques, sociaux et culturels ; pacte sur les droits civils et politiques ; convention sur l'élimination de toutes les formes de discrimination à l'égard des femmes ; convention relative aux droits de l'enfant ; convention internationale sur la protection des droits de tous les travailleurs migrants ; convention sur l'élimination de toutes les formes de discrimination raciale, etc.

Naturellement, se pose l'éternelle question de l'efficacité de toute cette production normative. En matière de désarmement, on connaît la difficulté à faire respecter le traité de non-prolifération, tant en ce qui concerne le contrôle des États désirant se doter de l'arme nucléaire qu'en ce qui a trait à l'obligation faite aux détenteurs de cette arme d'organiser sa suppression progressive. En matière de droits de l'homme, la supervision de l'application des conventions se résume le plus souvent à la production de rapports, à l'audition devant des comités d'experts, à la possibilité de recours qui sont en réalité de véritables parcours du combattant pour les plaignants. Au-delà des systèmes prévus par les Conventions elles-mêmes, l'ONU a mis en place des mécanismes ad hoc comme la Commission des droits de l'homme devenue Conseil des droits de l'homme. Mais, l'organisation se voit rapidement rattrapée par ses contradictions et la nécessité qui s'impose à elle d'organiser la normativité internationale tout en respectant la souveraineté nationale. Ainsi, le système peut-il aller jusqu'à l'autoparodie, comme lorsque le Conseil des droits de l'homme confie à un Saoudien le soin de choisir des experts concernant les droits des femmes.

Pourtant, de l'avis de nombreux observateurs, les résolutions et conventions, même malmenées, obligent les États à rendre des comptes, à fournir des explications en public. Cela permet aux associations d'obtenir des informations et de mettre à jour les crimes et les violations des droits les plus criants. L'Examen périodique universel, imaginé en 2007 lors de la création du Conseil des droits de l'homme, contraint par exemple tous les États à se soumettre tous les quatre ans à l'avis de leurs pairs. C'est une forme de pression non négligeable. Prenons l'exemple de la COP 21 : cette vaste réunion mondiale est un produit de l'Assemblée. En 2015, tous les États, même les plus gros pollueurs, se sont sentis obligés de s'asseoir à la table des négociations, même si la résolution finale n'est pas aussi satisfaisante que souhaitée. « Les petits États font les majorités ; il faut en tenir compte », nous explique le président de l'Assemblée générale Peter Thomson (2016-2017). « Les progrès rencontrés durant cette année en ce qui concerne le climat sont très importants, insiste-t-il. Et contrairement à ce que l'on aurait pu craindre, le retrait américain de l'accord de Paris, a soudé encore plus fortement la communauté internationale sur les grands points… »

Des enjeux insoupçonnés

Pour le grand public, les négociations internationales relèvent parfois d'un jeu énigmatique, émaillé de coups de théâtre et de réconciliations savamment mises en scène, dont l'utilité lui échappe en grande partie. Dans le même temps, les diplomates et les juristes se livrent, loin des regards, à des conflits de basse intensité sur d'obscurs amendements ou formulations. Mais les enjeux peuvent se révéler d'importance comme lorsqu'il s'agit de définir un acte terroriste. Le 8 septembre 2006, l'Assemblée générale a adopté une stratégie mondiale de lutte contre le terrorisme qui se réfère aux traités adoptés dans ce domaine depuis 1937. L'Office des Nations unies contre la drogue et le crime (ONUDC) est chargé d'encourager sa mise en œuvre par des mesures « d'assistance technique » : conseils juridiques, missions de terrain, formation de juristes et de magistrats. C'est le cas au Kenya qui sert de base arrière aux pirates somaliens. La France, très contestée pour le transfert en 2010, dans des conditions judiciaires assez floues, de preneurs d'otages kenyans arrêtés au large de la Somalie, se montre particulièrement offensive pour que la répression judiciaire de la piraterie soit renforcée[1].

1 Rapport de Jack Lang sur les questions juridiques liées à la piraterie au large de la Somalie (26 janvier 2011).

En outre, les négociations onusiennes peuvent conduire à l'adoption de mesures législatives nationales qui modifient les contours du droit pénal, voire de l'État de droit. Ainsi, discrètement, en matière de terrorisme, le Conseil de sécurité a-t-il étendu son champ d'intervention depuis le 11 septembre 2001. Depuis 2014, il a adopté de manière très régulière des résolutions de portée générale sur le terrorisme et parfois à caractère « quasi législatif », obligeant les États à adapter leur législation nationale (voire à adopter de nouvelles lois) : résolution 2178 (2014), la première à parler de « combattants terroristes étrangers », à demander aux États de prévenir les activités de recrutement et d'empêcher les départs de leurs nationaux vers les zones de conflits ; résolution 2199 (2015), la première à aborder de manière globale toutes les sources de financement de Daech (pétrole, biens culturels, enlèvements contre rançons etc.) ; résolution 2253 (2015), qui, un mois après les attentats de Paris et la résolution 2249 condamnant lesdits attentats, adapte le régime de sanctions du Conseil de sécurité pour qu'il reflète au plus près la menace terroriste actuelle (incarnée d'abord par Daech). Le Conseil de sécurité a également adopté des résolutions, sous-chapitre VI, reflétant l'évolution vers une menace terroriste diffuse et multidimensionnelle : liens entre terrorisme et criminalité organisée (résolution 2195 en 2014), sûreté aérienne (résolution 2309 en 2016), coopération judiciaire internationale (résolution 2322 en 2016), protection des infrastructures critiques (résolution 2341 en 2017), protection du patrimoine culturel (résolution 2347 en 2017, portée par la France et l'Italie).

La Charte des Nations unies organise la construction du droit international selon des règles connues à l'avance et acceptées par tous. Même imparfait, « un tel cadre juridique constitue une protection pour les petits États qui peuvent constituer des coalitions face aux grandes puissances », nous rappelle Bernard Miyet, ancien secrétaire général adjoint de l'ONU. « On ne saurait donc sous-estimer l'importance du travail normatif accompli. Il importe en revanche de veiller au cadre dans lequel celui-ci se construit. L'Assemblée générale obéit à des règles précises, notamment celle de l'égalité souveraine des États, qui assure à chacun une possibilité d'expression, et la transparence des discussions. Même si, *in fine*, les rapports de forces entre puissances départagent souvent les positions, chaque voix compte et constitue un enjeu.

Supervision de l'Assemblée générale

Indispensable, l'activité normative des Nations unies doit être supervisée par l'Assemblée générale sous peine d'être mal comprise ou perçue comme la lubie des pays les plus puissants. Le rôle de l'Assemblée générale doit être réaffirmé et celui du Conseil de sécurité replacé dans les limites fixées par la Charte. L'Assemblée générale constitue donc un lieu de négociation clair et transparent reposant sur l'égalité des États. Il n'en est pas de même du Conseil de sécurité qui n'a pas, en principe, de compétence normative et qui se trouve sous la coupe de cinq États privilégiés par le droit de veto. Il n'est pas supposé adopter de mesures législatives mais seulement traiter de cas particulier mettant en jeu la sécurité et la paix. C'est pourquoi l'extension de son champ d'intervention en matière de terrorisme pose question. Ce type d'évolution, qui contredit les règles de la Charte, doit être d'autant plus surveillé que ces dernières ont des conséquences sur les droits nationaux et qu'elles accroissent la prééminence politique des P5.

On s'inquiète en revanche souvent que les résolutions de l'Assemblée ne soient pas dotées de la force obligatoire, contrairement à celles adoptées par le Conseil de sécurité en vertu du chapitre VII. On peut cependant remarquer qu'elles constituent des marqueurs politiques pour la société internationale qui s'y réfère. Elles contribuent également à faire évoluer les mentalités et les contours du consensus international.

En effet, mettre noir sur blanc, formuler ce qui auparavant n'est qu'une réalité floue, représente une étape fondamentale dans la construction d'une société. C'est particulièrement vrai dans l'ordre international où l'extrême diversité des cultures, des points de vue et des idées, de même que la violence de certaines oppositions, rendent délicate l'élaboration d'un ordre public fondé sur des règles du jeu et la reconnaissance de valeurs communes. C'est pourquoi la rédaction des résolutions fait souvent l'objet d'interminables négociations où chaque mot est pesé, soupesé, évalué. Il ne s'agit pas de se « payer de mots » mais de définir une réalité, de lui donner un nom et surtout de tracer une frontière entre l'acceptable et l'inacceptable, entre le permis et l'interdit, entre le bien et le mal. Voilà pourquoi certaines délégations se battent bec et ongles pour empêcher l'adoption de certains textes : hommage du vice à la vertu…

Les associations et les organisations non gouvernementales ne s'y trompent pas : elles savent que les résolutions constituent des armes redoutables dans les rapports de force qu'elles construisent avec les pouvoirs, quels qu'ils soient. Pouvoir se prévaloir d'un texte international contribue à faire avancer une cause. Sans compter que la résolution peut avoir des conséquences très pratiques comme la création d'une commission d'enquête ou la rédaction d'un rapport qui fera date dans la compréhension d'un phénomène ou dans la lutte contre des crimes. Ainsi, l'ONG Amnesty international se félicita le 29 septembre 2017 de « la résolution adoptée par le Conseil des droits de l'homme de l'ONU, qui mandata un groupe d'experts internationaux pour procéder à l'examen des atteintes aux droits humains commises par toutes les parties au conflit au Yémen, est une avancée décisive qui va ouvrir la voie à la justice pour les innombrables victimes d'atteintes aux droits humains et de graves violations du droit international, dont des crimes de guerre[1]. »

Un forum irremplaçable à consolider

Malgré leurs défauts, les Nations unies constituent le seul forum mondial où se réunit la quasi-totalité de la planète : 193 États, bénéficiant du principe d'égalité souveraine, auxquels se joignent des observateurs. À ceux-ci s'ajoute désormais le monde associatif dont la présence et la participation aux discussions fait l'objet de procédures de plus en plus élaborées.

Dans les années 1960 et 1970, l'Assemblée a été le théâtre d'interventions politiques majeures demeurées dans les mémoires : celle du président américain John F. Kennedy en 1961 proposant aux Soviétiques des négociations sur les essais atomiques ; celle du président chilien Salvador Allende dénonçant, en 1972, la mainmise des grands groupes industriels soutenus par les capitales occidentales sur la vie des populations du Sud ; celle du représentant de l'Organisation de libération de la Palestine (OLP) Yasser Arafat formulant

1. https://www.amnesty.org/fr/latest/news/2017/09/un-breakthrough-resolution-establishes-expert-group-to-investigate-violations-in-yemen/

la première grande offre de paix à Israël le 13 novembre 1974. Ce discours contribua à populariser la cause palestinienne dans le monde. Le 22 novembre 1974, l'Assemblée vota, à une majorité écrasante, la reconnaissance du droit des Palestiniens à l'autodétermination et à la souveraineté. Le 29 novembre 2012, l'Assemblée attribue à la Palestine le statut d'« État non membre ». L'adhésion pleine et entière étant rendue impossible par le probable veto américain, il s'agit là d'une astuce juridique qui conforte la position internationale de la Palestine, lui permettant, par exemple, de saisir la Cour pénale internationale ou de signer des traités.

Les pays du Sud se saisirent très tôt de l'Assemblée générale pour s'affirmer. Le Groupe des 77 et de la Chine, né en 1967, s'exprime ainsi au nom de 133 pays en voie de développement dans les débats économiques et sociaux. Ce Groupe, qui recoupe parfois les initiatives du Mouvement des non-alignés, s'organise pour faire adopter des résolutions. Dès 1968, plusieurs déclarations condamnèrent le régime d'apartheid et firent pression sur les pays occidentaux qui commerçaient avec l'Afrique du sud. En visite à New York le 3 octobre 1994, Nelson Mandela ne manqua pas d'exprimer sa reconnaissance : « Nous saluons aujourd'hui de cette tribune l'Organisation des Nations unies et ses États membres, individuellement et collectivement, qui ont uni leurs forces avec les masses de notre peuple dans une lutte commune qui a conduit à notre émancipation et a repoussé les frontières du racisme. » Certains textes se révèlent cependant parfois condamnables comme la résolution assimilant le sionisme à une forme de racisme votée en 1975 et abrogée en 1991.

Une tribune pour les associations

En effet, il ne s'agit pas uniquement de faire dialoguer les États. Là encore les Nations unies se montrent pionnières d'un échange plus large qui n'implique pas que des diplomates et des ministres. En effet, c'est à l'ONU que fut inaugurée la contribution du monde associatif à l'élaboration des « consensus » internationaux. Organe issu de l'Assemblée, le Conseil économique et social (Ecosoc) est précurseur, dès les années 1960, de la participation de la « société civile » aux discussions internationales jusqu'alors réservées aux diplomates mandatés par les gouvernements. C'est à l'Ecosoc que l'on doit la création du statut d'« organisations non gouvernementales » (ONG) donnant accès aux réunions organisées par l'ONU et aux négociations pour y donner leur avis, rédiger des rapports et désigner des représentants (qui n'ont cependant pas de pouvoir décisionnel). Aujourd'hui, 1 300 associations sont accréditées auprès de l'organisation mondiale qui dispose d'un Service de liaison avec la société civile[1]. C'est aussi l'occasion de fixer quelques règles du jeu : les groupements reconnus doivent respecter les principes de transparence dans leur gestion et de neutralité politique au sens où ils ne doivent pas être en réalité des « faux-nez » de certains gouvernements. Ils doivent évidemment respecter les droits de l'homme et se plier aux exigences de contrôle dans le respect de leur autonomie d'action.

Sur les sujets les plus divers, les associations et autres ONG trouvent à l'Assemblée un lieu d'expression et de promotion de leurs combats. Le sommet des océans, organisé

1. Système intégré des organisations de la société civile : http://esango.un.org/civilsociety/ et Service de liaison avec les ONG : https://www.un-ngls.org

en juin 2017 par l'Assemblée générale à New York, en fournit l'illustration : depuis près de dix ans, les associations participent aux discussions organisées par l'assemblée et devant aboutir à une révision de la Convention sur le droit de la mer[1]. « Les résolutions qui y ont été prises, estime le président Thomson, sont la preuve que l'Assemblée générale n'est en rien obsolète et continue à avoir une influence politique sur la scène internationale. » Peggy Kalas, coordinatrice de la coalition d'associations High Seas Alliance le confirme : « Nous avons travaillé main dans la main avec les gouvernements. Le site de la Division océans et droit de la mer de l'ONU reflète nos vues et nos propositions. » Si l'Assemblée générale offre ainsi un espace aux acteurs privés, elle laisse ouverte l'épineuse question de la représentativité des partenaires ainsi choisis, la société civile n'étant gouvernée par aucun mécanisme de légitimation électorale. C'est pourquoi les rôles de chacun doivent être clairement définis.

Au secours du Conseil de sécurité

Lors des grandes crises, l'organe parlementaire peut même permettre des débats qui n'auraient pas lieu ailleurs, surtout lorsque les membres du Conseil de sécurité éprouvent des difficultés à s'entendre. L'interminable et très meurtrière guerre en Syrie, qui dure depuis 2011, en fournit une bonne illustration. Le 9 décembre 2016, tirant les conséquences de la paralysie, l'Assemblée adoptait une résolution appelant les États à respecter le droit international humanitaire en Syrie, en permettant notamment l'accès des organismes de secours aux populations.

1. Sur ce sujet, lire « Les océans, grands oubliés du climat », supplément spécial paru dans *Le Monde diplomatique* de novembre 2015.

Ce type d'intervention est rarissime, le maintien de la paix dans des situations particulières étant une compétence de principe du Conseil de sécurité. Elle a recouru à la résolution « Unis pour la paix » dite résolution Dean Acheson, du nom du secrétaire d'État américain, qui l'inspira durant la guerre de Corée. Cette résolution prévoit que « dans tout cas où paraît exister une menace contre la paix, une rupture de la paix ou un acte d'agression et où, du fait que l'unanimité n'a pas pu se réaliser parmi ses membres permanents, le Conseil de sécurité manque à s'acquitter de sa responsabilité principale dans le maintien de la paix et de la sécurité internationales, l'Assemblée générale examinera immédiatement la question afin de faire aux Membres les recommandations appropriées sur les mesures collectives à prendre… ».

Le 9 décembre 2016, l'Assemblée générale adopta sur ce fondement la résolution 71/130, à une majorité de 122 votes pour, 13 contre et 36 abstentions. Elle exprime notamment son indignation face à l'escalade de la violence (en particulier à Alep) et aux violations généralisées et persistantes du droit international humanitaire et du droit international des droits de l'homme – y compris les massacres aveugles et la pratique consistant à prendre délibérément pour cibles la population et les infrastructures civiles. Elle exhorte le Conseil de sécurité à s'acquitter de sa responsabilité.

Membre du cabinet du président de l'Assemblée générale, l'ambassadeur grec Ioannis Vrailas se souvient des tensions que cette résolution provoqua entre les diplomates mais aussi le signal qu'elle envoya aux acteurs de la crise. L'ambassadeur russe déplora « les graves lacunes » que comportait cette résolution et l'approche « deux poids, deux mesures » suivie par ses initiateurs alors qu'aux dires du Représentant permanent de la Syrie, l'adoption de la résolution constituait une « menace véritable au statut, à l'impartialité et à la crédibilité de l'ONU ». À l'initiative du Liechtenstein, une résolution proposa la création d'un mécanisme pour la préparation des dossiers pouvant servir de base à des poursuites pénales devant une cour ou un tribunal qui pourrait à l'avenir avoir une compétence pour reconnaître ces crimes, quels qu'en soient les auteurs (résolution A/71/48 : 116 votes pour, 16 contre et 52 abstentions). « Ces deux résolutions, ainsi que l'appui significatif qu'elles ont reçu, note justement Ioannis Vrailas, ne pouvaient représenter, en elles-mêmes, une solution au conflit. Mais elles ont permis de faire un pas dans la bonne direction et transmis un message important de l'Assemblée générale à savoir qu'elle ne pouvait garder le silence face à la situation dramatique en Syrie et attendait que le Conseil de Sécurité fasse preuve de la détermination et de l'unité nécessaires afin d'aboutir à des solutions concrètes pour régler le conflit. »

L'Assemblée générale est « l'espace multilatéral par excellence », estime ainsi l'ambassadeur Dessima Williams (Trinidad et Tobago) qui note qu'elle est aussi un lieu d'apprentissage exceptionnel de la « discussion internationale » et de « l'art de négocier ». Cette fonction, essentielle à la fluidité des rapports internationaux, se révèle particulièrement précieuse au moment où les équilibres mondiaux sont fragilisés par un nouveau jeu des puissances. Selon Arnaud Guillois, notre époque est confrontée au « double effet ciseaux paradoxal de l'accroissement des menaces et du repli sur soi ». C'est pourquoi, dans une société internationale qui demeure « anarchique », « l'Assemblée générale est, selon l'historien Paul Kennedy, ce qui nous rapproche le plus d'un Parlement des hommes[1] » à l'échelle de la planète.

Le cas de la Syrie et de la lutte contre le terrorisme illustre le choix fondamental qui se pose aujourd'hui aux États. Veulent-ils poursuivre sur la lancée de 1945 et faire d'une ONU revitalisée le parapluie des tensions et le lieu d'élaboration d'un ordre international pacifique ? Ou veulent-ils s'affronter pour se départager dans un monde instable où les cartes sont redistribuées ?

L'Assemblée générale

Le chapitre IV de la Charte de San Francisco fait de l'Assemblée générale l'organe politique délibérant des Nations unies. Selon l'article 10, elle « peut discuter toutes questions ou affaires rentrant dans le cadre de la présente charte ou se rapportant aux pouvoirs et fonctions de l'un quelconque des organes prévus dans la présente Charte ». Ses compétences sont donc étendues. Seule réserve, elle ne saurait traiter « d'un différend ou d'une situation » dont le Conseil de sécurité est saisi (article 12). Au début de chaque session annuelle, en septembre, un débat est organisé, auquel participent de nombreux chefs d'État et de gouvernement, y compris celui du pays hôte, les États-Unis. Durant cette période, les projecteurs médiatiques sont braqués sur cette institution mal connue de l'ONU.

Seule instance plénière où se rassemblent les 193 pays membres, l'Assemblée repose sur le principe de l'égalité juridique des États. Chacun y dispose donc d'une voix, même si les délégations nationales peuvent comprendre jusqu'à cinq délégués. Numériquement, la voix d'un citoyen du Liechtenstein pèse quarante mille fois plus que celle d'un Chinois ! Les décisions sur les questions importantes (budget) sont prises à la majorité des deux tiers, les autres à la majorité simple. Les résolutions de l'Assemblée ne sont pas dotées de la force obligatoire et, contrairement à celles adoptées par le Conseil de sécurité en vertu du chapitre VII, elles ne peuvent pas être assorties de mesures coercitives. En revanche, elles sont des marqueurs politiques pour la société internationale qui s'y réfère ; elles servent aussi de point d'appui aux États et aux associations dans les rapports de force internationaux.

L'Assemblée vote le budget de l'ONU (cinquième commission) et l'admission de nouveaux membres (les derniers étant la Suisse en 2002, le Monténégro en 2006 et le

1 Sur ce sujet, lire Paul Kennedy, *The Parliament of Man*, Random House, Londres, 2006.

Soudan du Sud en 2011). Elle examine et approuve également les budgets des fonds et programmes des Nations unies. L'Assemblée élit le secrétaire général sur recommandation du Conseil de sécurité. Dans l'ordre protocolaire, le président de l'Assemblée générale est le premier personnage de l'ONU. Il peut nommer des médiateurs et facilitateurs dans certaines crises ou dossiers brûlants. Il convoque de multiples groupes de travail thématiques. Il peut également jouer le rôle de médiateur dans certaines crises, comme le différend qui oppose le Royaume-Uni à l'île Maurice au sujet de l'archipel des Chagos.

Le principe de répartition géographique équitable, inscrit dans la Charte de San Francisco, régit le fonctionnement de l'Assemblée : il existe cinq groupes régionaux (Afrique, Europe orientale, Amérique latine et Caraïbes, Europe occidentale « et autres États », Asie-Pacifique), entre lesquels doivent être répartis les postes et fonctions.

Chapitre 6

Bonnes et mauvaises réformes

Chacun s'accorde sur la nécessité de réformer l'ONU. Antonio Guterres lui-même a lancé un processus de transformation concernant le développement durable, la paix mais aussi la gestion de l'organisation. Le 31 juillet 2018, il a nommé le Danois Jens Wendel coordinateur des réformes. Avant de s'adonner au mécano institutionnel, il importe de se débarrasser de quelques préjugés tenaces et de s'entendre sur le but politique recherché sous peine de procéder à un bricolage inintelligible et inefficace.

Tout d'abord, si des réformes s'imposent, il serait faux de considérer l'ONU comme une organisation figée depuis 70 ans, un théâtre fantomatique, déconnecté des réalités du monde. Elle a su évoluer et s'adapter, par exemple en imaginant les opérations de maintien de la paix qui n'étaient pas prévues par la Charte ; elle a su prendre à bras le corps les événements les plus dramatiques et les nécessités du temps comme la coordination de la lutte contre le terrorisme ou contre le changement climatique.

En outre, loin d'être un univers étanche, l'ONU reflète les évolutions géopolitiques. On peut observer dans le système des Nations unies la montée en puissance de la Chine dans les relations internationales. Les représentants chinois s'impliquent dans l'ensemble des dossiers, manifestant leur attachement au multilatéralisme. Dans un contexte de disette, attisé par l'administration Trump, Pékin se montre actif dans la commission du budget. La Chine a ainsi annoncé une augmentation de ses contributions et l'attribution de nouveaux moyens humains aux opérations de paix. Mais elle joue en contrepartie sa propre partition, manifestant son dédain pour les droits de l'homme en coupant, par exemple, les crédits destinés à leur protection.

Les vents de l'actualité soufflent sur l'ONU mais sa capacité à les prendre véritablement en compte impose des réformes dont la portée doit être calibrée. En effet, il ne s'agit pas de transformer l'ONU en une sorte de « gouvernement mondial » qui aurait vocation à régir toutes les activités du monde. Un tel gouvernement sous-entendrait que la planète serait parvenue à une unité culturelle suffisante pour qu'on puisse collectivement sur des sujets divers déterminer un consensus minimal assurant l'autorité politique des décisions prises. Il n'existe pas non plus, pour les mêmes raisons, de « communauté internationale » mais plutôt une « société internationale » régie par des rapports de force qui restent à domestiquer. La réalité géopolitique et celle des échanges parfois tendus entre certains États le rappellent quotidiennement. Un « gouvernement mondial » nécessiterait en outre de définir sa légitimité au regard des principes démocratiques. Cette question, déjà difficile à l'échelle d'un État, se révélerait insoluble à l'échelle de la planète. En revanche, les Nations unies permettent l'existence d'un endroit où le débat peut avoir lieu, avec des règles claires et l'ambition de construire ensemble des rapports pacifiques en s'accordant progressivement sur des principes communs. « L'ONU à mon sens n'a pas d'alternative, nous confie le Représentant permanent de la France François Delattre, car c'est la seule enceinte universelle dont la légitimité est incontestable. C'est pourquoi il faut la réformer profondément pour la rendre plus efficace, plus transparente aussi, moins bureaucratique, et en faire une enceinte parapluie où peuvent se développer aussi bien des procédures très formelles lorsque c'est nécessaire que des espaces de dialogue *ad hoc* totalement informels. »

La coopération dans le respect de chacun doit être le fondement du dialogue international en vue de préserver la paix. En ce sens, les grands principes de la Charte de San Francisco doivent être conservés pour leur réalisme et leur capacité à ouvrir la « construction collective de la sécurité collective ». Nous proposerons donc six réformes techniques permettant de donner de l'air à l'ONU. Mais elles ne seront pleinement efficaces que si les États, en tant que cellules de base de la société internationale, se donnent les moyens de relancer un multilatéralisme moribond.

Six réformes clés

Ces réformes devront répondre à six grandes questions structurantes et symboliques.

La représentativité du Conseil de sécurité

La représentativité du Conseil de sécurité : c'est la question la plus débattue en raison des immenses responsabilités de cette instance en matière maintien de la paix.

Conçues sur les décombres de la Seconde Guerre mondiale, les Nations unies reflètent les rapports de force de l'époque. La création d'une catégorie de membres permanents du Conseil de sécurité traduit la prééminence des Alliés contre le nazisme et les crimes du Japon dans le Pacifique : États-Unis, Russie, Royaume-Uni, France et Chine. Cette structuration ne reflète plus l'état actuel des relations internationales. « Le Conseil de sécurité va devenir illégitime s'il n'est pas profondément réformé », reconnaît un diplomate européen. L'aberration la plus visible tient au fait qu'aucun pays africain ne dispose d'un siège de membre permanent alors que 8 opérations de maintien de la paix sur 10 ont lieu en Afrique. D'où l'importance des passerelles entre le Conseil de sécurité et le Conseil paix et sécurité de l'Union africaine. Même si elle demeure divisée et entravée par son faible financement, l'organisation panafricaine, repensée en 2002, fait preuve d'une plus grande réactivité dans le traitement des crises qui affectent le continent noir. Elle attend par conséquent une reconnaissance de ses efforts par l'ONU.

D'une manière générale, les pays dits émergents ne sauraient demeurer dans un statut de second rang alors que leur importance économique et politique ne cesse de croître. Il faudra cependant que chaque continent se mette d'accord sur son champion, ce qui n'est pas chose facile comme l'illustrent les divergences persistantes entre les pays africains à ce sujet.

Si on admet assez aisément l'augmentation du nombre de membres permanents, l'épineuse question du droit de veto demeure. C'est la reconnaissance du droit de veto aux P5 qui a emporté l'adhésion des États-Unis au projet de Nations unies après la guerre. Sans veto, pas d'ONU. La suppression pure et simple de cette formule n'est donc pas forcément la solution magique. Sauf à souhaiter un retour à la Société des Nations avec les résultats que l'on connaît. Le veto n'est pas une simple question technique ; c'est une question éminemment politique qui doit refléter un accord politique sur les équilibres internationaux. Il paraît illusoire d'envisager son extension ou sa réduction sans discussion d'ensemble sur le multilatéralisme et ses outils, comme ce fut le cas en 1945. On en est loin (voir « La responsabilité en dernier ressort des États »). En outre, toute réforme du Conseil de sécurité nécessitera une révision de la Charte, c'est-à-dire l'aval des P5 et une majorité des deux tiers à l'Assemblée générale.

Consolider le rôle du secrétaire général

Premier fonctionnaire de l'ONU, le secrétaire général dispose d'un pouvoir politique qui lui permet d'intervenir dans le débat public, d'orienter ses évolutions au nom des valeurs exprimées par la Charte. Il incarne l'organisation et peut parler en son nom, c'est-à-dire au nom de l'intérêt général. C'est un rôle essentiel car il faut en permanence composer avec les États membres qui détiennent les clés du système. Dans cette perspective, le poste de secrétaire général est « un drôle de métier » selon les mots de Shashi Tharoor[1], ancien candidat à la fonction. En l'état actuel, les « performances » d'un secrétaire général dépendent de « sa personnalité et de la période » souligne Bernard Miyet. Une présidence américaine hostile à l'ONU peut ainsi réduire à néant les efforts des individus les mieux disposés. En effet, le choix du titulaire est supervisé par les P5 dont l'accord est indispensable. Ils peuvent avoir la tentation de pousser sur le devant de la scène des personnages falots qui ne dérangeront pas leurs affaires. Une trop forte personnalité peut se heurter à la froide hostilité des grandes puissances comme l'illustre le torpillage par les États-Unis du second mandat de Boutros-Ghali. Certains parvinrent cependant à « ruser avec le système » : Kofi Annan sut notamment mettre à profit son pouvoir de

1 Sur ce sujet, lire Sashi Tharoor, « Diriger l'ONU, un drôle de métier », *Le Monde diplomatique*, juin 2016.

convocation pour faire avancer de nouveaux principes comme celui de la responsabilité de protéger. Le Ghanéen maîtrisait le jeu médiatique mais connaissait également les limites de ses fonctions. S'il était hostile à l'agression américaine contre l'Irak en 2003, il hésita à affronter directement les États-Unis. Ce n'est que bien plus tard qu'il reconnut clairement que la guerre était « illégale ».

Depuis 2016, le choix du secrétaire général fait l'objet d'un processus plus ouvert, avec des auditions publiques et un vote de l'Assemblée générale sur recommandation du Conseil de sécurité. Cela peut permettre au titulaire du poste de mieux se faire connaître et de prendre à témoin les populations en cas de crise. Cela peut accroître sa légitimité et donc lui donner plus de poids dans les débats internationaux. Faut-il aller plus loin et supprimer le droit de veto dont disposent de fait les P5 sur la sélection du « premier fonctionnaire de l'ONU » ? Sans doute est-ce une piste à explorer sans pour autant augmenter les pouvoirs du secrétaire général. Du point de vue fonctionnel, le secrétariat général court le risque de l'hypertrophie car, en pratique, tout remonte vers son chef. Ancien secrétaire général adjoint, le professeur allemand Franz Baumann déplore le manque de clarté de l'organigramme et préconise une réforme : inventorier les compétences, mieux les répartir, déléguer du haut vers le bas de la pyramide. Il appartient au secrétaire général de définir des priorités mais aussi un calendrier de travail et d'actions. « Se mettre d'accord sur une feuille de route, ajoute Baumann, ne signifie pas qu'on avance ! » Élu en 2016, Antonio Guterres a bien conscience de ces enjeux. Le 1er mai 2018, jour de la fête du travail, il s'adressa ainsi au personnel de l'ONU : « Nous devons nous réorganiser de façon à pouvoir améliorer le sort des populations du monde tout en nous assurant que les droits des personnels soient pleinement respectés. »

Réformer le financement de l'ONU vers plus d'autonomie

Les Nations unies dépendent considérablement du bon vouloir des États pour leur financement. Si celui-ci est organisé selon des clés de répartition liées au poids économique des pays, il demeure fragile comme le confirment les sempiternels arriérés de paiement des États-Unis et surtout la possibilité que conservent les États de priver de fonds une agence de l'ONU en s'en retirant carrément. C'est le cas de l'Unesco dont Washington et Tel-Aviv se sont retirés. En 1986, le Royaume-Uni s'était joint à une action similaire. L'administration Trump n'hésite pas à couper dans les crédits. Le 30 juin 2018, Guterres sonne le tocsin : avec 119 millions d'euros de déficit, « jamais l'ONU n'a été confrontée à une trésorerie aussi difficile si tôt dans l'année », avant d'ajouter : « La plus grande souffrance est sûrement ressentie par ceux que nous servons quand, faute de fonds, nous ne pouvons pas répondre à leur appel à l'aide. » Parmi les victimes hautement symboliques : l'Office de secours et de travaux des Nations unies pour les réfugiés de Palestine dans le Proche-Orient (UNRWA).

Pourquoi ne pas imaginer, comme pour l'Union européenne, un système de ressources propres ? Une telle idée est en germe dans la taxe sur les billets d'avion lancée par le président français Jacques Chirac ou dans la taxe dite Tobin sur les transactions financières. Ce type de mécanisme est en pratique indolore pour les acteurs privés, tant leur montant est faible au regard par exemple des sommes collectées par les entreprises. En revanche, cela peut représenter des milliards pour les organisations internationales.

Instaurer ce type de financement n'est pas exclusif du maintien des contributions étatiques.

Une telle réforme éviterait le douteux mélange des genres provoqué par les partenariats noués avec le monde de l'entreprise, comme on l'a vu par exemple entre l'OMS et la Fondation Gates. En lançant le Pacte global, Kofi Annan a cherché à assurer le financement des programmes de l'ONU. Il a en même temps pris le risque d'institutionnaliser des collusions peu transparentes entre le monde de l'entreprise et l'ONU. Les sociétés privées, tout en contribuant à résoudre des problèmes d'intérêt général, introduisent des préoccupations mercantiles dans les programmes et transforment les politiques publiques jusqu'à les détourner parfois de leur sens. En matière d'aide alimentaire, on sait par exemple que la Fondation Gates fait la promotion des organismes génétiquement modifiés dans la plus totale opacité pour les populations concernées.

Rééquilibrage entre ONU et IFI

La crédibilité des Nations unies passe également par une intégration formelle des Institutions financières internationales (IFI) en leur sein. Face à l'explosion des inégalités dans le monde, et compte tenu de leur poids politique et de leur responsabilité économique, la Banque mondiale et le Fonds monétaire international (FMI) ne sauraient demeurer en marge du système onusien. Les passerelles actuelles ne suffisent pas et la disparition des grands affrontements idéologiques de la guerre froide ouvrent des voies de réformes. Si les recapitalisations récentes ont permis de rééquilibrer quelque peu la « gouvernance » des IFI, par exemple au profit de la Chine, ces institutions demeurent des clubs de pays riches. L'élargissement du G20 ne saurait compenser ces privilèges accordés dans la gestion des affaires économiques et sociales de la planète. On pourrait donc imaginer une responsabilité formelle des IFI devant l'Assemblée générale ou, plus modestement, de confier un vrai rôle de coordination de ce secteur à l'Ecosoc ou au PNUD (Programme des Nations unies pour le développement). Il en va de l'autorité de l'ONU mais aussi du sens que son action peut revêtir aux yeux des populations frappées par les inégalités. « Les Nations unies risquent de perdre toute crédibilité, nous explique l'ambassadeur danois Tomas Anker Christensen, si elles ne prennent pas en charge ce qui améliore la vie quotidienne des populations. »

Des moyens militaires renforcés

« La question est de savoir comment conférer à l'ONU la force, le pouvoir et l'autorité d'agir, en tant que corps international, sur la justice sociale, confie le politiste américain Lewis Lapham à Romuald Sciora. Je pense que l'ONU devrait avoir davantage de pouvoir militaire – de là à savoir quelle forme et quelle ampleur donner à ce pouvoir, je n'en sais rien. Il n'aurait pas besoin d'être aussi massif que celui des États-Unis, mais il devrait néanmoins avoir du poids et être capable de s'interposer dans des endroits comme le Darfour, par exemple. » La faiblesse militaire de l'ONU la rend dépendante des États qui attribuent ou non des moyens aux Casques bleus ou auxquels elle est contrainte de déléguer son autorité comme elle l'a fait à l'Alliance atlantique (OTAN) en Libye en 2011. Organisation dominée par les États-Unis et leurs alliés occidentaux, l'OTAN ne saurait devenir le « bras armé » de l'ONU.

La Charte des Nations unies prévoit que les États mettent à disposition des contingents de soldats qu'un État-major de l'ONU peut utiliser, notamment selon des décisions prises par le Conseil de sécurité. Ce mécanisme n'a jamais fonctionné, les gouvernements (notamment les P5) répugnant à tout système militaire, même limité, pouvant d'une manière ou d'une autre leur échapper. C'est pourquoi les opérations de maintien de la paix (OMP) sont nées, comme un palliatif. La Déclaration du Millénaire demande au Conseil de sécurité d'examiner les moyens de réactiver (ou plutôt d'activer) les dispositions de la Charte (article 43 à 47). Sans aller jusqu'à suggérer un irréaliste « ministère mondial de la défense », il serait bon de doter le Conseil de sécurité d'un organe de conseil militaire éclairant ses décisions et lui permettant d'en suivre l'application sur le terrain. Les États devraient en outre être incités à mettre réellement à disposition en permanence des contingents, même réduits, voire à créer une force d'intervention d'urgence. Comme le souligne Alexandra Novosseloff, il est important que le Conseil de sécurité dispose d'un « conseil militaire qui lui soit propre pour qu'il ne dépende plus entièrement du Secrétariat pour prendre ses décisions en la matière[1]. »

Une meilleure politique de communication

Une anecdote résume assez bien les rapports de l'ONU avec l'univers de la communication. Au début des années 2000, Romuald Sciora travaillant alors avec le Département de l'Information de l'ONU sur la série télévisée *À la maison de verre* et sur différents projets de publications, est approché par l'un de ses amis responsables de Marvel, célèbre compagnie américaine de bandes dessinées.

1 Sur ce sujet, lire Alexandra Novosseloff, *Le Comité d'État-major des Nations unies*, LGDJ, Paris, 2008.

Celui-ci propose de réaliser en coopération avec l'ONU une bande dessinée éducative mettant en valeur le travail de l'organisation et destinée à plusieurs dizaines de milliers d'écoles à travers les États-Unis. Afin de rendre le tout plus ludique et attractif pour de jeunes lecteurs américains, Spider Man, Iron Man et autres stars de Marvel devaient faire office de guide à travers les pages du livre.

La première réaction du responsable du Département de l'information chargé de la sensibilisation du jeune public, pourtant de nationalité américaine et né à New York dans les années 1960, est de demander : « Mais Spider Man est-il vraiment connu aux États-Unis ? » Après de nombreuses tentatives et malgré le soutien de Shashi Tharoor, alors secrétaire général adjoint à l'information puis de son successeur, le projet ne verra jamais le jour, malgré son annonce dans le *Financial Times*. Trop Yankee pour certains, trop pop culture – et sans doute pas assez élitiste – pour d'autres. Cet exemple est cruellement représentatif du manque de sens de la communication de l'ONU auprès du grand public.

Au-delà de cette anecdote quelque peu extrême, l'incapacité de l'ONU à se mettre en valeur pourrait être enseignée comme contre-exemple dans les écoles de marketing. Le cas des OMP se révèle édifiant à cet égard : elles croulent sous les commentaires négatifs. Pourtant, comme le souligne Alexandra Novosseloff, « le maintien de la paix de 2016 ne ressemble plus guère à celui des années 1990. Il s'est affirmé, structuré et professionnalisé. Beaucoup reste encore à faire (notamment dans la qualité du recrutement des personnels, la formation et l'organisation du soutien des opérations), mais il s'est amélioré dans ses structures et dans ses procédures. Cet aspect est mal connu, surtout par les plus critiques. Il est vrai que l'ONU a souvent péché par son absence de stratégie de communication offensive pour combattre les idées reçues. Ceci est bien dommage dans un contexte où l'ONU a une véritable valeur ajoutée dans la gestion des conflits par son approche (multidimensionnelle et politico-militaire où le politique guide toujours le militaire)[1]. »

Les médias et les associations ont très favorablement accueilli le succès de la COP 21. Qui sait que cette conférence, pilotée de main de maître par le Quai d'Orsay, est une émanation des Nations unies ? Il s'agit en effet de la réunion des États parties à la Convention cadre des Nations unies sur le changement climatique. Qui sait encore que l'ONU se trouve aux manettes de la reconstruction de la Libye après 2011 sous la houlette d'un très habile négociateur, Ghassan Salamé ?

Élu fin 2016, le secrétaire général Antonio Guterres a mis neuf mois à nommer son responsable de la communication alors que l'administration Trump tire à boulets rouges sur l'ONU.

Au-delà des discussions techniques, les réformes n'ont aucune chance d'aboutir si le dialogue n'est pas relancé entre les gouvernements sur l'avenir du système multilatéral et de ses valeurs. Une fois encore cet aspect relève au premier chef de la responsabilité des États.

1 Alexandra Novosseloff, « La professionnalisation du maintien de la paix des Nations unies ou le travail de sisyphe », *Global Peace Review*, 30 mars 2016.

La responsabilité en dernier ressort des États

Les Nations unies reflètent l'état de la société internationale, c'est-à-dire des relations internationales, de l'envie ou non des États de coopérer d'une manière générale ou dans des secteurs déterminés. À cet égard, il n'existe pas – soulignons-le encore – de « communauté internationale » traduisant une unité de vues sur les questions essentielles et le sentiment de partager un destin commun. Les tensions qui parcourent le globe aujourd'hui et l'affaiblissement concomitant de l'ONU relèvent donc d'une problématique avant tout politique impliquant une prise de conscience des gouvernements. Cet impératif s'adresse au premier chef aux grandes puissances. Comme nous le rappelle l'ambassadeur Jean-Marc de la Sablière, « le système, qu'on l'aime ou pas, ne peut fonctionner, parce que c'est ainsi qu'il a été conçu, que s'il y a coopération entre les permanents ». Lors de la guerre d'Irak en 1990-1991, par exemple, les P5 se réunirent 70 fois en particulier avant d'aborder les réunions plénières du Conseil de sécurité.

Or les divergences sont aujourd'hui patentes sur des dossiers clés, comme la Syrie. Les appels convenus au multilatéralisme doivent se traduire en actes sous peine d'accroître encore la méfiance qui se répand entre les acteurs et, en particulier, entre les P5, mais aussi de la part de puissances montantes comme la Turquie ou l'Iran qui craignent l'hypocrisie impérialiste des P5. Dans cette période incertaine, l'ONU doit retrouver toute sa place. Selon l'ancien secrétaire général adjoint Franz Baumann, elle doit même jouer un « rôle cathartique ».

Cet objectif essentiel passe par trois axes : rétablir le sens de la discussion entre grands et petits États ; remettre l'ordre international à l'endroit c'est-à-dire replacer l'interdiction du recours à la force au cœur de la coopération onusienne ; et retrouver les exigences du multilatéralisme.

De la nécessaire « inclusivité »

Si à leur création en 1946 les Nations unies reflètent l'accord des grandes puissances, elles reposent également sur l'idée d'universalité. La SDN avait en partie échoué sur son incapacité à rassembler : les États-Unis n'en faisaient pas partie. Au sortir de la Seconde Guerre mondiale, l'ambition est l'« inclusivité ». Cela explique le droit de veto accordé aux P5 : sans veto, pas de Nations unies car pas de participation américaine ou russe. Mais c'est aussi pourquoi, si les premiers signataires ne sont que 56, la Charte s'adresse à tous les peuples de la planète, y compris donc les peuples colonisés. L'ONU sera le cadre de leur indépendance dans les années 1960 : elle les accompagnera, les accueillera, leur donnera une place fondée sur le principe de l'égalité souveraine des États inscrite dans la Charte et dont l'Assemblée générale est l'expression. « À l'Assemblée générale des Nations unies, il n'y a pas de petits États », précise Dessima Williams, ancien ambassadeur de la Grenade, devenue conseillère spéciale du président de l'Assemblée générale Peter Thomson (septembre 2016-septembre 2017). Devant notre scepticisme, la diplomate ajoute : « Tout simplement parce que la Charte de San Francisco dit que les pays membres sont souverains et égaux. » Souvent contredit par les inégalités de puissances, ce principe n'en fournit pas moins une reconnaissance aux petits pays. En 2017, l'Assemblée générale a par exemple condamné la reconnaissance unilatérale de Jérusalem comme capitale d'Israël par les États-Unis en violation du droit international, y compris celui issu du

Conseil de sécurité. De même, l'ordre juridique fondé par la Charte correspond aux intérêts des petits pays dans la mesure où il interdit l'ingérence dont les États, notamment colonisateurs, usaient et abusaient sous les prétextes les plus divers pour imposer aux populations plus faibles leurs vues et servir leurs intérêts. En circonscrivant les conditions du recours à la force aux « menaces » qui pèsent sur la paix, la charte de l'ONU prive les puissants d'arguments plus subjectifs[1].

L'un des enjeux de l'ONU, note Arnaud Guillois du bureau Nations unies du Ministère français des affaires étrangères est de « faire comprendre aux grands États qu'ils ont intérêt à discuter ». En ce sens, l'Organisation rappelle l'intelligence qu'il y a à parler avec ceux avec lesquels on a des désaccords car le « multilatéralisme ne va pas de soi. Il faut avoir des outils pour construire le dialogue et faire comprendre aux grandes puissances qu'elles ont intérêt à la discussion. » En matière de paix et de sécurité, le Conseil de sécurité ouvre ainsi un espace de discussion destiné à faire baisser les tensions et à désamorcer les crises.

L'ONU crée donc un espace unique de dialogue et de coopération universel. L'Assemblée est le théâtre de nombreuses discussions, formelles et informelles, qui permettent aux pays africains, individuellement ou en groupes, de formuler leur vision du monde et de faire avancer des revendications politiques et économiques. Des passerelles commencent à fonctionner entre le Conseil de sécurité de l'ONU et le Conseil de paix et de sécurité de l'Union africaine. Mais, compte tenu des

---

1 Sur ce sujet, lire Anne-Cécile Robert, « Origine et vicissitudes du "devoir d'ingérence" », *Le Monde diplomatique*, 2011.

enjeux sécuritaires et de développement sur le continent noir, l'Union africaine doit être mieux considérée et écoutée à l'ONU. Et ce d'autant plus qu'elle effectue de grands efforts pour consolider son architecture de paix et de prévention des conflits. Il est par exemple contreproductif de ne pas associer franchement l'Union africaine aux initiatives de paix en Libye, comme s'obstine à le faire le président français Emmanuel Macron.

Les petits pays trouvent leur place mais les grands doivent mieux accepter les règles du jeu et assumer leurs devoirs. Le droit de veto est évidemment un privilège mais c'est également une responsabilité. Le Conseil de sécurité doit exprimer l'intérêt général, en premier lieu la nécessité de préserver la paix. « Et c'est là que se situe la limite du multilatéralisme. Le multilatéralisme doit s'exercer, l'ONU et tous ses organes doivent se considérer comme des dépositaires de la volonté populaire de tous les peuples de la terre et agir dans leur intérêt, explique Abdou Diouf, alors secrétaire général de l'Organisation internationale de la francophonie à Romuald Sciora. [...] Il faut donc que nous fassions tous en sorte de renforcer le multilatéralisme avec un esprit démocratique, dans tous les secteurs d'activité, car c'est seulement ainsi que nous pourrons avoir une chance de sauver l'humanité. Il ne peut pas y avoir des puissants et des faibles, il ne peut pas y avoir de voix qui comptent plus que d'autres. »

Malheureusement, le Conseil de sécurité s'apparente parfois à une scène de théâtre où les acteurs jouent un rôle pour eux-mêmes et pour leurs populations plutôt que pour faire avancer la coopération internationale. C'est une sorte de « temple » disait le ministre des affaires étrangères français Dominique de Villepin où l'on fait « résonner » sa voix pour les « opinions publiques » plutôt que pour résoudre les conflits. « L'ONU rappelle l'exigence d'avoir un lieu où l'on continue à se concerter, qui ne soit pas déserté par les grandes puissances et qui les obligent à rentrer dans le jeu du dialogue sans penser qu'elles devront tout sacrifier parce que tout s'effondrera, nous explique Bernard Miyet, ancien secrétaire général adjoint de l'ONU. Un lieu où peuvent se nouer des coalitions pour les États les plus fragiles leur permettant de défendre leurs intérêts. » L'« inclusivité » qui a tant fait défaut à la SDN se trouve aujourd'hui mise à mal par les logiques unilatérales des grandes puissances qui, comme les États-Unis, donnent le sentiment qu'elles peuvent se passer de l'ONU, mais aussi par l'inexistence politique des Européens. À cet égard, le retrait américain de l'accord nucléaire iranien constitue pour eux une épreuve de vérité, une sorte de crash-test de leur foi multilatéraliste.

Remettre l'ordre international à l'endroit : la question du recours à la force

La Charte de l'ONU organise la recherche de la paix. Elle vise également le développement et la protection des droits de l'homme. C'est pourquoi l'organisation a très tôt organisé la coopération internationale dans ces domaines. Cependant, comme on l'a vu, l'interdiction du recours à la force et la sécurité collective structurent toute la Charte. La paix constitue véritablement la valeur phare en raison des immenses et irréparables dégâts que peut causer la guerre : dégâts humains, matériels, mais aussi politiques en semant le chaos entre les pays. Pourtant, l'évolution des relations internationales traduit un affaiblissement, non seulement de la pratique (utilisation offensive des outils militaires) mais aussi la remise en cause de l'ordre juridique prohibant le recours à la force.

De 1946 aux années 1990, les règles du jeu sont claires, inscrites dans le marbre de la charte de l'ONU. Les grandes puissances se sont en effet entendues sur des principes, en particulier sur ce qui constitue le facteur majeur de trouble sur la scène internationale : le recours à la guerre et d'une manière générale à la force. Tout le système des Nations unies est ainsi organisé sur le bannissement de la guerre et l'édiction de principes destinés à en limiter les causes. La majorité des chapitres traitent de la paix et de la sécurité, enjeu essentiel de la coopération et du multilatéralisme. « La Charte a été élaborée pendant la guerre. Les gens deviennent raisonnables quand il y a des millions de morts. Tous les membres s'engagent à ne pas utiliser la force et, si jamais quelqu'un agresse, vous avez la garantie que vous pouvez aller au Conseil de sécurité dont les P5 doivent s'entendre pour gérer le conflit », nous rappelle Jean-Marc de la Sablière.

Naturellement, les pays les plus forts contournent régulièrement les règles internationales pour justifier par exemple des interventions militaires dans leurs zones d'influence respectives (Moscou en Europe orientale, Washington en Amérique centrale, Israël dans son voisinage proche). En revanche, et c'est le point clé, les puissances ne cherchent pas ouvertement à modifier les règles de la Charte ni à en inventer d'autres. Elles prennent même un soin particulier à préserver les apparences de leur respect. En effet, la Charte de l'ONU sert non seulement de point de repère mais agit comme une sorte de contrat de confiance international. On se réfère ainsi aux règles officielles régissant le recours à la force, quitte à en donner des interprétations extensives comme l'invocation d'une légitime défense « préventive », contraire à la notion même de légitime défense forcément réactive. Aucune instance de l'ONU n'a d'ailleurs validé cette dérive sémantique utilisée par exemple par Israël pour justifier le bombardement d'une centrale nucléaire irakienne en 1980.

Le tournant de la guerre du Kosovo

Les années 1990 marquent un tournant : on cherche à modifier les règles du jeu international. Imposée par les Occidentaux, sous la présidence de Bill Clinton (1993-2001), cette mutation consiste à élargir les circonstances légitimes d'entrée en guerre. Cette époque est d'ailleurs marquée par la diffusion d'idées telle que le devoir ou le droit d'ingérence[1]. Produit de cet univers idéologique, « la guerre du Kosovo est le lieu d'une pratique d'ingérence, sans aucun doute », souligne l'ancien président de Médecins sans frontières (MSF) Rony Brauman, qui a soutenu cette opération à l'époque. « Était-ce la manifestation d'un droit d'intervention armée ? On peut le soutenir et c'est ce que font les partisans du "droit" d'ingérence qui le voient réapparaître triomphalement à l'ONU avec l'adoption de la "responsabilité de protéger"[2] ». L'intervention de l'Alliance atlantique (OTAN) au Kosovo marque ainsi une fracture des relations internationales – peu perçue comme telle[3] –, et demeurée ouverte. Elle constitue un tournant dans la géopolitique mondiale qui est la cause profonde des tensions actuelles entre les grandes puissances comme de l'imprévisibilité du comportement des puissances montantes. Celles-ci

1 Sur ce sujet, lire Mario Bettati, *Le Devoir d'ingérence. Peut-on les laisser mourir ?*, Gallimard, Paris, 1987.

2 Sur ce sujet, lire Rony Brauman, *Guerres humanitaires ? Mensonges et intox*, Textuel, coll. « Conversations pour demain », Paris, 2018.

3 Sur ce sujet, lire André Bellon, « Dieu, que la guerre est jolie ! », *Le Monde*, 27-28 mars 1999.

choisissent ouvertement, et sans en référer aux grandes puissances qui pourraient jouer le rôle de mentor, la solution militaire dans les conflits qui les concernent. C'est évidemment le cas de l'Arabie saoudite au Yémen, de la Turquie en Syrie, du régime de Bachar Al-Assad face à son opposition depuis 2011, avec le soutien de la Russie. Ce choix intervient dans le contexte de banalisation du recours à la force depuis le Kosovo évoqué plus haut. Mi-avril 2018, les États-Unis, la France et le Royaume-Uni ont procédé à des bombardements ciblés en Syrie afin de souligner qu'une ligne rouge avait été franchie en matière d'utilisation des armes chimiques par le régime de Bachar Al-Assad. Ce recours à la force, qui intervint par ailleurs sans preuve et alors que des inspecteurs de l'OIAC (Organisation pour l'interdiction des armes chimiques) sont en route pour Damas, viole manifestement les règles de la Charte dans la mesure où il ne correspond pas à l'exercice d'une légitime défense ni à l'application d'un mandat du Conseil de sécurité. Les P5 donnent le mauvais exemple à la planète, prenant le risque d'affaiblir l'ordre international dont ils sont supposés être les garants en Syrie et de créer un « *vide du pouvoir* ».

Passé quelque peu inaperçu, le communiqué de l'Union africaine consécutif aux bombardements des P3 près de Damas souligne l'inquiétude de ceux qui ne connaissent que trop l'arrogance occidentale : « L'Union africaine, qui est profondément attachée au multilatéralisme, souligne que toute réponse à de tels actes [attaques chimiques] doit être fondée sur des preuves irréfutables recueillies par une entité compétente, indépendante et crédible et se conformer scrupuleusement au droit international, y compris la primauté du Conseil de sécurité des Nations unies pour l'autorisation de tout recours à la force.

L'Afrique attend des membres du Conseil de sécurité des Nations unies, en particulier des membres permanents, qu'ils mettent de côté leurs divergences et ne ménagent aucun effort pour promouvoir la paix mondiale et le bien commun de l'humanité, conformément aux responsabilités qui leur sont conférées par la Charte des Nations unies. Le peuple syrien n'a que trop souffert. Face à cette situation dramatique, la seule ligne de conduite raisonnable est l'intensification des efforts internationaux visant à trouver une solution politique durable basée exclusivement sur la poursuite des intérêts du peuple syrien et respectant l'intégrité territoriale de la Syrie. »

Sécurité et droits de l'homme

Compte tenu des périls qui menacent la paix et la sécurité, il semblerait donc avisé de replacer le règlement pacifique des différends (chapitre 6 de la Charte) au cœur des préoccupations et d'en revenir à une lecture stricte de la Charte en ce qui concerne le recours à la force afin de rétablir l'autorité morale de l'ONU dans ce domaine. Cette question est liée à celle de l'interdiction de toute ingérence dans les affaires intérieures des États, interdiction fixée par la Charte de San Francisco. Avec le Kosovo et la Libye, on a vu les tentatives de contournement de cette interdiction et leurs conséquences désastreuses. Au-delà de ces cas significatifs, que faire dans des situations plus difficiles à analyser, comme celles où des violations massives des droits de l'homme au sein d'un État révulsent la société internationale sans qu'elle dispose des moyens de réagir au nom du respect de la souveraineté et en l'absence d'une menace à la paix internationale ? Le refus de l'ingérence peut en effet abriter un rejet des principes de base que sont les droits fondamentaux. C'est pourquoi, notamment depuis le génocide des Tutsis du Rwanda, on cherche des outils pour prévenir ou mettre un terme à des crimes de masse. « La notion de menace à la paix et à la sécurité internationales, qui justifie le plus souvent l'autorisation du recours à la force, est une expression de la Charte dans son chapitre VII qui n'est pas précisée, ce qui est jugé commode, nous explique Jean-Marc de la Sablière. Elle est donc très utilisée, alors que l'agression et la rupture de la paix, également dans le titre du chapitre, sont rarement évoquées. Le Conseil se contente donc le plus souvent de constater qu'une situation constitue une telle menace. Depuis le massacre des kurdes par Saddam Hussein, les violations systématiques des droits de l'homme peuvent être considérées comme des menaces à la paix et à la sécurité internationales. Au départ, les Russes et les Chinois étaient réticents à cette idée par crainte d'une ingérence dans les affaires intérieures des États. Dans le cas des Kurdes d'Irak, on est parti du fait que les violations des droits de l'homme avaient pour conséquence de provoquer des flots de réfugiés et des problèmes aux frontières, pour faire le lien entre violation des droits de l'homme et menaces à la paix et à la sécurité internationales. C'était un détour mais aussi une première. Depuis, il s'agit d'une appréciation au cas par cas mais on peut dire qu'un verrou a sauté en 1991. »

Si la pertinence de protéger les droits de l'homme ne fait aucun doute, on peut tout de même s'interroger sur l'extension de la notion de menace à la paix, précisément parce qu'elle intervient au cas par cas, avec une dimension d'autant plus subjective qu'elle s'effectue sous la pression des médias. Quel équilibre trouver entre le refus de l'ingérence, qui contribue à limiter les ardeurs messianiques des États les plus puissants, et la nécessité de faire avancer les droits de l'homme ? « Où placer le curseur ? » s'interroge Bernard Miyet qui invite à se méfier des positions schématiques fondées sur la conviction d'avoir raison. Pour notre part, nous sommes tentés de défendre la position suivante : la paix constitue la valeur cardinale, celle qui rend possible toutes les autres ; sans la paix, pas de droits de l'homme, pas de développement, pas d'environnement sain, etc. Il serait donc logique, comme l'indique sagement la Charte, de lui subordonner toutes les préoccupations, avec cette conséquence qu'en cas de contradiction en matière de normes, c'est la recherche de la paix qui doit l'emporter. Dans cette perspective, la notion de « guerre humanitaire » n'a aucun sens.

Refonder le multilatéralisme

L'interminable conflit en Syrie et son internationalisation symbolise un paysage géopolitique bouleversé, instable et incertain. Quatre membres permanents sur cinq y sont impliqués, au premier chef la Russie – alliée de Damas – mais aussi les États-Unis, qui disposent de 2000 soldats dans le nord, les forces spéciales françaises, et les Britanniques qui participent aux bombardements et soutiennent des opposants. Plusieurs puissances régionales sont mobilisées, notamment la Turquie et l'Iran mais aussi Israël. Les camps de réfugiés pèsent sur le Liban voisin. Ce conflit illustre surtout la grande panne du multilatéralisme. Les P5 se déchirent sur l'analyse et la recherche de la solution, les diplomates semblent sur la touche face à des processus de paix partiels voire concurrents. En janvier 2018, le Représentant de la France à l'ONU, François Delattre, lance cet avertissement dans l'enceinte du Conseil de sécurité : « Prenons garde que la Syrie ne devienne le tombeau de l'ONU. » Le secrétaire général

Antonio Guterres s'inquiète quant à lui de la montée des tensions et du manque d'outils pour y faire face : « Au cours de la guerre froide il y avait des mécanismes de communication et de contrôle visant à éviter une escalade et des incidents et garantir que la situation ne serait pas hors de contrôle. Ces mécanismes ont été abandonnés puisque les gens estimaient que la guerre froide était terminée et que ces précautions étaient inutiles. Je crois qu'il est temps d'avoir des précautions de ce type, garantissant une communication efficace et un moyen d'éviter une escalade » (26 mars 2018).

Mais les États, grandes puissances en tête, souhaitent-ils refonder le multilatéralisme ? Les États-Unis ne jouent plus le rôle stabilisateur qui a pu être le leur après 1945 lorsqu'ils contribuèrent à créer l'ONU. Ils sont devenus révisionnistes. Le 8 mai 2018, jour où l'on commémorait la fin du plus meurtrier des conflits mondiaux, le président Donald Trump annonça le retrait unilatéral des États-Unis de l'accord sur le nucléaire iranien. Il porte ainsi un grave coup au multilatéralisme dans une région « explosive ». En 2018, l'ambiance entre les P5 s'alourdit. Les Occidentaux accusent les Russes d'avoir empoisonné un ancien espion soviétique en Angleterre et de laisser le régime syrien utiliser des armes chimiques en violation du droit international. Les Russes estiment qu'ils n'ont jamais été autant insultés même du temps de la guerre froide. Les Chinois s'affichent en défenseur du multilatéralisme tout en menaçant Taïwan et en torpillant les mécanismes onusiens de promotion des droits de l'homme, par exemple dans les OMP. Les bombardements occidentaux en Syrie mi-avril 2018 fragilisent l'ordre international : de quelle autorité Washington, Londres et Paris – auquel leur statut de P5 accorde un poids central dans l'architecture de la paix – pourront-ils se prévaloir désormais pour arrêter les fauteurs de guerre qui pullulent ? L'hypocrisie est à son comble quand on se souvient que le plus grand stock d'armes chimiques du monde se trouve aux États-Unis et que si les hackers russes sont habiles, ceux des Occidentaux ont depuis longtemps fait leurs preuves. Depuis des années, les P5 utilisent le Conseil de sécurité pour eux-mêmes : la Russie use et abuse de son droit de veto dans le conflit syrien avec le soutien de la Chine qui a, pour sa part, réussi à bannir tout débat d'envergure sur la mer de Chine ; quant aux États-Unis, ils bloquent toute sanction contre Israël. « La diplomatie est en panne, nous confie un diplomate européen, quand ceux qui doivent porter la solution refuse de s'exécuter. »

Transition désorganisée

L'ordre international semble marqué par une confusion grandissante et une montée des conflits au sommet. « Le fait que les permanents s'entendent moins bien a plusieurs effets, diagnostique Jean-Marc de la Sablière. Certains sujets, qui sont d'importance stratégiques pour un ou plusieurs permanents, peuvent susciter des désaccords avec les autres et, dans ce type de cas, la marge de manœuvre est réduite : le Conseil de sécurité est bloqué ; c'est le cas de la Syrie. Mais nous ne sommes pas dans une situation semblable à celle de la guerre froide. La compétition idéologique entre les blocs imprégnait alors presque toutes les situations de crise ; il ne se passait donc quasiment rien au Conseil. Aujourd'hui, bien que cela soit difficile car l'ambiance est alourdie par les désaccords, des résolutions continuent tout de même d'être adoptées sur des dossiers importants (Mali, Yémen, etc.). » Les relations internationales abordent une phase inédite de leur histoire, une transition désorganisée de l'ordre international unipolaire vers la multipolarité.

Il manque à la société internationale la vision stratégique de son propre avenir. Comme le résume l'ancien ministre français des affaires étrangères Hubert Vedrine : « Le monde se trouve dans une situation comparable à celle du XIXe siècle avant le Congrès de Vienne. » Après la chute de l'URSS, le secrétaire général des Nations unies Boutros Boutros-Ghali (1992-1996) avait en vain appelé de ses vœux une grande conférence internationale destinée à refonder un consensus mondial sur des bases clairement discutées et consenties par l'ensemble des acteurs, condition de la confiance entre eux. Ce besoin se fait plus cruellement sentir aujourd'hui où les foyers de tension se multiplient. La question des conditions du recours à la force et celle de la protection des droits de l'homme, de plus en plus malmenés y compris par les Européens en ce qui concerne les réfugiés, en seraient des points clés. Lors de son premier discours devant l'Assemblée générale de l'ONU en septembre 2017, le président français Emmanuel Macron a prononcé un éloge appuyé du multilatéralisme. Mais le Forum pour la paix, qui se tiendra à Paris en novembre 2018, traduit cette préoccupation en même temps qu'il marginalise l'ONU.

Pression médiatique

L'un des facteurs de trouble souligné par la plupart de nos interlocuteurs tient à la pression médiatique. Pour justifier certaines actions unilatérales, on souligne les conséquences d'une action ou d'une inaction sur « l'opinion publique » : les populations « ne comprendraient pas » – par exemple – qu'on n'agisse pas contre un régime qui utilise des armes chimiques. En est-on certain ? Les citoyens ne sont-ils pas attachés à la paix ? Et, s'il s'agit de riposter à un régime inhumain, est-ce forcément en recourant à la force dans des conditions illégales, au risque d'attirer les tensions entre les P5 ? En outre, ce type d'argument ne revient-il pas à manquer de sang froid ou à valider des campagnes de presse ? Enfin, ceux qui invoquent « l'opinion publique » se vautrent dans la subjectivité car, au-delà des conflits médiatisés, combien de crises mériteraient une « réaction ferme » de la « communauté internationale » ? On pense aux millions de morts en République démocratique du Congo depuis 1997 et surtout à l'extraordinaire impunité dont jouit l'État d'Israël malgré des violations flagrantes du droit international et les crimes commis contre les populations civiles palestiniennes.

Les P5 cèdent trop aux logiques de confrontation au détriment des logiques de négociations au gré des priorités politiques des uns et des autres. Pour l'ambassadeur danois Tomas Anker Christensen : « C'est presque comme si nous avions désappris l'art de la diplomatie, comme si nous avions oublié comment on trouve des solutions. » L'absence d'outils multilatéraux vivants favorise les malentendus et fractionne les discussions dans un cas par cas stérile quand il faudrait repenser ensemble les grands équilibres.

Les grands États, notamment les P5, doivent donner l'exemple mais il serait illusoire de penser qu'ils peuvent toujours mener le monde comme au temps de la guerre froide. La multipolarité devient une réalité tangible et le jeu implique dorénavant des puissances moyennes mais décisives. On souligne par exemple que la Russie protège la Syrie de Bachar Al-Assad mais on peut aussi dire que réciproquement Damas « tient » Moscou, ses actes l'engageant. C'est d'ailleurs vers Vladimir Poutine que l'on se tourne lorsqu'on soupçonne une attaque chimique, accord de 2013 oblige. « Si leur responsabilité est importante, tout ne s'explique pas par les désaccords entre les permanents, note encore Jean-Marc de la Sablière. Dans certains cas, le règlement d'un conflit peut également être bloqué par les désaccords entre les puissances régionales qui compliquent le jeu et/ou par le choix de certains pays en faveur de solutions militaires et non pas diplomatiques, comme l'Arabie saoudite au Yémen. »

C'est tout le jeu multilatéral qui doit être, non seulement repensé, mais défendu, soutenu, compris, investi par l'ensemble des pays et des dirigeants du monde.

Il ne peut s'agir de bricoler des réformes mais de repenser une sorte de contrat social international appuyé sur des règles du jeu claires, connues à l'avance, acceptées et partagées par tous, en particulier concernant le recours à la force. Pour les grandes puissances, il s'agira sans doute d'un exercice de modestie, contraint mais salutaire car la multipolarité fait déjà partie du jeu.

Conclusion

L'ONU est une institution marquée par son époque, malmenée par les recompositions géopolitiques en cours. Il est peu probable qu'elle devienne un jour l'organisation voulue par ses créateurs en 1945. Toutefois, elle n'en conserve pas moins sa pertinence, notamment parce qu'elle rappelle que les humains peuvent s'entendre pour rétablir la civilisation et définir des principes exigeants comme ceux de la Charte de San Francisco. Sur les décombres de la Seconde Guerre mondiale, les Nations unies décrétèrent le rejet de la guerre et instaurèrent la recherche de la sécurité collective comme objectif permanent et final. La création des Nations unies s'accompagne de la Déclaration universelle des droits de l'homme (1948) qui proclame, en réaction aux crimes nazis, les valeurs humanistes cultivées depuis l'Antiquité et les Lumières. L'ONU établit donc un ordre juridique, politique et philosophique cohérent, ambitieux et appuyé sur la sacralisation de l'humanité. C'est cet ordre qui est en jeu et pas seulement la survie de l'organisation.

Quant à la question « Qui veut la mort de l'ONU ? », ce ne sont pas la plupart des États membres. Même les plus puissants ont intérêt à maintenir en vie l'organisation afin de la rendre responsable de leurs incuries. Les discours de l'ambassadrice des États-Unis à l'ONU, Nikki Haley, illustrent cette façon d'utiliser l'ONU comme tribune tout en cherchant à l'asphyxier, à neutraliser sa capacité à policer la société internationale. Mais, à ce petit jeu, les États-Unis sont-ils si sûrs d'être, au bout du compte, gagnants ? *Qui veut la mort de l'ONU ?* Ce n'est pas non plus la cohorte de fonctionnaires incapables qui hante les couloirs de la Maison de verre. Bien que, par leurs agissements, ils nuisent au travail de leurs nombreux collègues qui, eux, chaque jour se battent pour défendre de tout leur cœur les valeurs de l'ONU, ils n'ont aucun intérêt à voir disparaître une institution qui leur offre un prestige et un confort de vie enviable.

Non, ceux qui veulent tuer l'Organisation des Nations unies sont les mêmes qui de tout temps ont combattu le progrès et l'humanisme, au premier rang desquels nous pouvons aujourd'hui compter l'extrême-droite américaine et ses « équivalents » à travers le monde, en Israël et en Europe. Mais aussi et surtout les néoconservateurs et autres partisans d'absurdes « guerres humanitaires », rejoints dans leur œuvre de destruction par les tenants de l'ultralibéralisme et du tout profit, rencontrés tout au long de ce livre, et pour qui l'enfer s'appelle multilatéralisme quand il n'a pas pour but de promouvoir le libre-échange. C'est-à-dire le dialogue avec l'autre. On peut également ajouter à la liste des « coupables » la longue série de dirigeants médiocres, sans envergure et sans vision, qui accèdent aux plus hautes responsabilités dans des démocraties moribondes, notamment européennes. Nous pouvons aussi nous demander si par une indifférence de plus en plus générale, chacun de nous dans nos sociétés occidentales, ne contribue pas à tuer le rêve humaniste des Lumières incarné dans l'Organisation des Nations unies dont la Charte débute par ces mots « Nous, peuples des Nations unies ».

Au risque d'être réduite à une coquille vide, bouc-émissaire facile des échecs de la « communauté internationale », l'ONU survit au niveau politique, au-delà d'un travail humanitaire et social utile, de par la volonté des États membres de conserver un semblant de représentativité au niveau mondial. Si, pour les « petits » États, cette scène demeure indispensable, qu'en est-il pour les « grands » ? Ceux-ci disposent des moyens de la puissance pour faire valoir leurs intérêts et se montrent désormais tentés de s'affranchir des règles, trop contraignantes à leurs yeux, de la Charte de San Francisco, comme le montre une certaine banalisation du recours à la force de la part des États-Unis ou de la Russie. Toutefois, les « grands » ne désertent pas l'ONU : ils participent toujours à ses instances et paraissent même attachés au théâtre que représentent trop souvent les réunions du Conseil de sécurité. « Le Conseil de sécurité est certainement affaibli aujourd'hui mais tout dépend encore de la capacité des cinq permanents à se réunir et à reprendre le dialogue. Après la crise de 2003, le système onusien a été « traumatisé ». On a pu croire qu'il ne s'en relèverait pas. Et puis, les États-Unis ont fini par se tourner à nouveau vers l'ONU et le Conseil de sécurité pour sortir de la crise en Irak et régler d'autres crises. L'histoire du Conseil de sécurité montre donc qu'il peut y avoir des retournements », remarque justement Jean-Marc de la Sablière. Tout n'est donc pas joué. Et, malgré les mises en scène hypocrites d'une diplomatie déjà élaborée et dont les résultats sont connus bien avant les séances trop souvent stériles du Conseil de sécurité ou rarement suivies de l'Assemblée générale, les Nations unies demeurent une enceinte utile comme le montre la signature de l'accord climat en décembre 2015 ou le travail mené pour atteindre les Objectifs du développement durable.

On peut y voir une sorte d'hommage du vice à la vertu ; on peut aussi y voir une victoire de la raison. Mais pour combien de temps ? L'unilatéralisme américain, assumé et militant, pose des défis inédits : c'est la paix du monde qui est en jeu. Les Européens éprouvent les plus grandes difficultés à s'affirmer ensemble et face aux États-Unis, devenus les pires ennemis du multilatéralisme. Si la Chine se pose en défenseur du système onusien, c'est pour mieux torpiller les initiatives en faveur des droits de l'homme. Si la Russie défend l'idée d'un retour à la Charte, notamment à une vision stricte de la non-ingérence, c'est aussi en vue d'assurer sa propre domination dans ses zones d'influence. Quant à la France, elle hésite à redevenir gaulliste, un choix qui relèverait pourtant de la survie. Pékin et Paris peuvent-elles nouer une alliance de circonstance pour sauver l'ONU ? Mais à quel prix ?

De leur côté, les populations ne se manifestent guère sur le terrain des enjeux internationaux contrairement aux grandes manifestations contre la guerre du Vietnam ou contre la guerre d'Irak en 2003 qui avaient mobilisé des centaines de milliers de personnes dans le monde. Inégalités et frustrations sociales occupent légitimement les esprits dans les pays comme dans les classes populaires occidentales. Dans ce contexte tendu, les grands partis de gauche semblent avoir oublié l'importance de la paix et des institutions qui la défendent. En France, les formations ou les personnalités gaullistes se positionnent souvent à contretemps, frisant le non-sens, comme lorsqu'elles expliquent que le général De Gaulle aurait approuvé la réintégration de Paris dans le commandement intégré de l'Alliance atlantique (OTAN). Le néoconservatisme fait des dégâts à gauche comme à droite, favorisant les postures idéologiques et moralistes au détriment des analyses géopolitiques.

Malgré ses défauts, l'ONU constitue, alors que les tensions s'accumulent dans le monde, notre bien le plus précieux, et ce d'autant plus que les dirigeants de la planète semblent éprouver des difficultés à élever le débat, à s'entendre sur l'essentiel, préférant de vaines querelles de frontières ou de dévastatrices compétitions commerciales. C'est pourquoi il nous appartient – intellectuels, militants et acteurs de la société civile – de tenter de contribuer, si ce n'est à rénover l'ONU, du moins à la maintenir un peu plus qu'en survie artificielle. Et cela jusqu'à ce qu'une troisième génération d'organisation internationale, après la SDN et l'ONU, prenne le relais et suive le fil de la civilisation dont l'Organisation des Nations unies est un maillon essentiel et dont les gouvernements d'aujourd'hui, emportés par le cynisme d'une mondialisation mercantiliste et violente, semblent tentés de se détourner. Il est peu probable que cette troisième génération d'organisation internationale voie le jour dans les deux ou trois prochaines décennies. Aucun conflit de l'ampleur des Première et Seconde Guerres mondiales ne semble heureusement possible à courte échéance – seul un choc de cette ampleur pouvant générer l'impérieuse nécessité d'une telle institution.

Ce n'est donc que sur le moyen, voire le long terme, suite à l'érosion du système ultralibéral et de ses effets – la montée de l'autoritarisme et des « néopopulismes » –, que cela serait possible. Cela adviendra, s'il devait y avoir un minimum de sens à l'histoire, ou du moins si nous voulons croire au progressisme humain, cela semble inévitable… En attendant, tentons de conserver ce que nous avons et semons pour demain.

Table des matières

Imprimé en Allemagne par BoD
Dépôt légal : janvier 2022

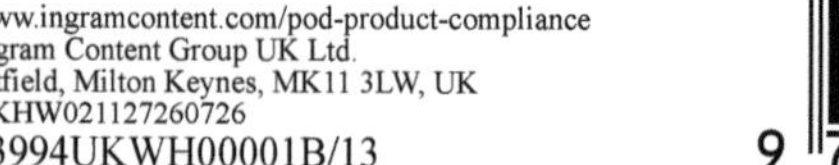

www.ingramcontent.com/pod-product-compliance
Ingram Content Group UK Ltd.
Pitfield, Milton Keynes, MK11 3LW, UK
UKHW021127260726
13994UKWH00001B/13

9 782212 569919